未来を創ることば

次世代へのメッセージ

元NHK
エグゼクティブアナウンサー
村上 信夫
編著

まえがき

2022年4月1日金曜日。「おついたち」の新月の夜。

新しいことを始めるには、最幸の日に、大人の寺子屋がスタートした。

会場は、文京区の麟祥院。江戸時代、徳川家光の乳母として権勢を誇った春日局の菩提寺だ。ボクの故郷は、兵庫県丹波市春日町。春日局の出生地と終焉の地。

春日局に導かれるようにして、この場所で、寺子屋をさせていただくことになった。


ことばが揺らいでいる。

ふるまいが揺らいでいる。

考え方が揺らいでいる。

いまこそ、ぶれない軸を持った生き方が求められる。

人の心にやさしく浸透していくことばで、次世代に伝えることを語り合う。

毎回、様々な事柄に精通した人々をゲストに迎えた。

含蓄のある語られることばは、未来の方向性を示唆するものばかりだ。
次世代にバトンを渡すきっかけになれば幸甚だ。

村上信夫

◆目次◆

大人の寺子屋「次世代継承塾」語り部一覧

第一回

「一寸先は光」

〜臨済宗円覚寺派管長　横田南嶺

村上信夫の前説

大人の寺子屋次世代継承塾の第1回はこの人しかいない、と考えていました。

筑波大学在学中に出家得度。卒業と同時に京都は臨済宗建仁寺派の大本山である建仁寺僧堂にて修行を始めたのち円覚寺僧堂へ移り、1999年には同寺の僧堂師家（指導者）に。2010年からは円覚寺管長…つまり最高責任者を務められている、横田南嶺さんです。

円覚寺で開催されている一般の方向けの講座に講師としてお招きいただいて以来、時々お話しする機会をいただいているのですが、実は南嶺さんの建仁寺修行時代に、京都にある母の実家に何度かお経をあげにきていただいていたという、不思議なご縁もあります。

今回南嶺さんからお伺いするテーマは「一寸先は光」。我々はつい「一寸先は闇だ」

などと言って、暗いところ、不安なことばかりに目を奪われがちですが、南嶺さんは光を見よ、希望を見よ、とおっしゃいます。その真意はどのようなものなのでしょうか。早速お話しいただきましょう。

横田南嶺かく語りき

◆一寸先は光であることを知らねばならぬ

今回、お話のテーマとさせていただいた「一寸先は光」というのは、わたくしが高校生の時から敬愛しております、詩人の坂村真民先生の作品からお借りした言葉です。真民先生は明治42年に熊本県に生まれて、高校の教師をしながら詩作をされていた方です。若い頃に坐禅を通じて臨済宗に触れ、仏教詩人と呼ばれるほど、禅や仏教の心を詩で表現しました。

「一寸先は光」は、その真民先生の「鳥は飛ばねばならぬ」という詩の一節です。

「鳥は飛ばねばならぬ」

鳥は飛ばねばならぬ
人は生きねばならぬ
怒涛の海を
飛びゆく鳥のように
混沌の世を生きねばならぬ
鳥は本能的に
暗黒を突破すれば
光明の島に着くことを知っている
そのように人も
一寸先は闇ではなく
光であることを知らねばならぬ
新しい年を迎えた日の朝
わたしに与えられた命題

鳥は飛ばねばならぬ
人は生きねばならぬ

２０１１年の東日本大震災のあと、被災地の方々にお話をさせていただく機会がありました。日頃から人前でお話をすることはありましたが、あのような大災害に見舞われた方々にどんな言葉をおかけすればよいか…何を言っても自分の言葉などは全て虚しいように思われ、頭を抱えてしまいました。

窮したわたくしは、真民先生の力をお借りしようと、詩の朗読をさせていただくようになりました。すると、涙を流して聞いてくださる方や「とても大きな力をもらいました」と感想をくださる方がたくさんいらしたのです。そうして朗読した詩の中に「鳥は飛ばねばならぬ」もありました。

被災した多くの方にとって、当時はまさに「一寸先は闇」と思われたことでしょう。暗黒の中を飛ぶ鳥と同じ状況です。しかしそんな時でも、鳥は「あたりは真っ暗だ。どうしよう」などとは思いません。なぜなら鳥は一寸先が光であり、暗黒の中を突き進めば目的地に着くことを知っているからです。

被災地の方々が「鳥は飛ばねばならぬ」に感銘を受けられたのは、こうした鳥のあり方に勇気づけられたからかもしれません。

「一寸先は闇」とよく似た言葉として「お先真っ暗」という言葉があります。将来の見通しが全くつかないという意味ですが、お若い方などは今の日本を見て不安を感じているのでしょう。わたくしに「生きていることの意味は何ですか」と訊いてこられることがあります。

その時も「鳥は飛ばねばならぬ」のお話をします。つまり鳥は何かのために飛ぶのではなく、飛ぶために飛ぶのだ。だから我々人間も、生きること「の」意味を追いかけるのではなく、生きること「が」意味なのだということを知っておきましょう、とお伝えするのです。

◆「わかりたい」を手放せば、命の価値が見えてくる

「そうは言っても、世の中わからないことばかりなのだから、不安にもなりますよ」と思うかもしれません。しかし世の中にわかっていることなど、どれくらいあるのでしょ

うか。

例えば、我々の命がどこからやってきたのかわかる人はいるでしょうか？わたくしは、人間の命はずっと昔から連続していて、この先もずっと連続していくものだと感じています。命はある日突然発生するわけではなく、少なくとも親を通じて命はつながっています。

今日の科学的な見地から考えても、我々の遺伝子の中には遠い過去の情報が組み込まれているとされていますし、脳の中にはヒトになる前の記憶や、爬虫類・魚類だった頃の部分が残っているとも言われます。こう考えると、今自分の手元にある命が自分一代限りのものだとは、どうにも思えないのです。

でも、結局のところ我々の命がどこからやってきたのかはわかりません。わかりませんが、それでいいのです。そもそも、「すっかりわかってしまいたい」という考え方に、大いなる問題があります。「わかる」は「分かる」です。必ず分断を生みますし、傲慢にもなりがちです。一方でわからないことをそのまま受け入れれば融和の道が見えてきますし、謙虚でいられます。

このような考え方を持つと、世の中が元来わからないことばかりだということが了解できます。そして同時にひとつだけ、わかることが見えてきます。それは自分が生きているということです。

「生きているかどうかもわからない」と言うと、昔の禅宗では棒を持ってきて引っ叩いて、「どうだ、痛いだろう? それは生きているからだ」とやったものですが、そんなことをしなくても、今わたくしの話を聞いているという意識があるだけで、命があるという何よりの証拠になります。

しかし「では何が話を聞いているのか?」と問われると、やっぱりわかりません。「耳が聞いている」と答えたくなるかもしれませんが、これは単なる道具でしかありません。三半規管の中を探しても、脳を割って確かめてみても、話を聞いているものは出てこないでしょう。

どこから来たのかも、どこにいるのかもわからないけれど、とにかく今、我々は生きています。それこそがこの世界いっぱいに溢れている、かけがえのない命なのです。

そういうものをいただいて、今ここに座って生きている。この話を聞いている。これだけでとてもありがたく、素晴らしいことではないでしょうか。

◆自分以外の命を愛し、大事にする心

勘違いしてはいけないのが、「自分だけ生きていればよい」「自分さえよければよい」という話ではないということです。自分の命を大切に生きるためには、自分以外の命を大切にしなければなりません。

真民先生は「バスの中で」という作品で、自分以外の命を大切にするあり方の美しさを描いています。

「バスのなかで」

この地球は
一万年後
どうなるかわからない
いや明日
どうなるかわからない
そのような思いで

こみあうバスに乗っていると
一人の少女が
きれいな花を
自分よりも大事そうに
高々とさしあげて
乗り込んできた

その時
わたしは思った
ああこれでよいのだ
たとい明日
この地球がどうなろうと
このような愛こそ
人の世の美しさなのだ
たとえ核戦争で

この地球が破壊されようと
そのぎりぎりの時まで
こうした愛を
失わずにゆこうと
涙ぐましいまで
清められるものを感じた
いい匂いを放つ
まっ白い花であった

真民先生が愛媛県で高校の教師をやっていた頃に、ご自宅のあった砥部町からバスに乗っていた際の情景を描いた詩です。１９６７年から１９７４年のことですから、ベトナム戦争やプラハの春、中ソ対立など、世の中に剣呑な空気が漂っている時代です。

そんな中で世界の行く末を不安に思っていた真民先生の前に現れたのが、「きれいな花を自分よりも大事そうに高々とさしあげて乗り込んできた」「一人の少女」です。彼女は自分の身を挺して花を守っているのです。

どんなに大事にしても、切花の命は持って数日です。それでも彼女は花を守りたいのです。真民先生はその様子を見て心を打たれ、「こうした愛を失わずにゆこうと」思うわけです。

もし「自分だけ生きていればよい」「自分さえよければよい」という気持ちでいたとしたら、平気で少女の持つ白い花を踏みつけてしまうかもしれません。しかし花を踏みつけた時に痛みを感じる気持ちは、どんな人の心の中にもあるものです。もし感じないのであれば、それは気がついていないだけだ、とわたくしは思います。

ではどうすれば、そのような気持ちに気づき、自分以外の命を大切に思えるのでしょうか。それは食べるという営みと改めて向き合ってみることです。

わたくしの生地の和歌山には、太地町というクジラで有名な町があります。ひところは随分批判を受けた地域でもありますが、当地のクジラの取り扱い方には食べるという営みの本質があると感じています。

というのも太地町ではクジラを捕まえると、骨も皮も髭も、何一つ残さず全て使うのです。なぜなら漁師さんたちは、クジラを捕るために命をかけるからです。だからこそ、わずかたりとも無駄にせず、きちんと命をいただくのです。

また、先代の円覚寺管長は「肉を食べるのであれば、牛と格闘するくらいの運動をして食べる。魚を食べるのであれば、川に行って魚を釣るぐらいの運動をして食べる。それくらいがちょうどいい。もう自分ぐらいの年になると畑に行って大根を引くぐらいの力しかないから、大根を食べているくらいがちょうどいいのだ」とおっしゃっていました。

こんなことを言うと怒られるかもしれませんが、おそらく科学的な根拠はありません。しかし命をいただいている実感を得るという点では、なるほどと思わされます。

少し大変かもしれませんが、野菜を自分で作ってみるのもいいでしょう。大根一つ、菜っぱ一つ、汗水垂らして育て、自分の手で畑を耕し種を蒔いて育てて、それをゆがいて食べれば、命のありがたみが身に沁みて実感できます。

そうして自分以外の命を尊び、存在に感謝する体験を積み重ねていけば、それを大切に思う気持ちも育まれていくことでしょう。

◆「二度とない人生」をどう生きるか

最後に、真民先生の代表作「二度とない人生だから」を紹介して話のまとめとさせていただきたいと思います。

真民先生はこの詩で、今日わたくしがお話しした内容を見事に表現されています。ぜひじっくりと、繰り返し味わってみてください。

「二度とない人生だから」

二度とない人生だから
一輪の花にも
無限の愛を
そそいでゆこう
一羽の鳥の声にも
無心の耳を
かたむけてゆこう

二度とない人生だから
一匹のこおろぎでも
ふみころさないように
こころしてゆこう
どんなにか
よろこぶことだろう

二度とない人生だから
一ぺんでも多く
便りをしよう
返事は必ず
書くことにしよう

二度とない人生だから
まず一番身近な者たちに

できるだけのことをしよう
貧しいけれど
こころ豊かに接してゆこう

二度とない人生だから
つゆくさのつゆにも
めぐりあいのふしぎを思い
足をとどめてみつめてゆこう

二度とない人生だから
のぼる日　しずむ日
まるい月　かけてゆく月
四季それぞれの
星々の光にふれて
わがこころを

あらいきよめてゆこう

二度とない人生だから
戦争のない世の
実現に努力し
そういう詩を
一篇でも多く
作ってゆこう
わたしが死んだら
あとをついでくれる
若い人たちのために
この大願を
書きつづけてゆこう

晩年、真民先生は「大宇宙大和楽」という宇宙観を得られました。大宇宙とはあらゆるものがつながり、一つの生命体のようになる美しい世界。「大和楽」というのは、互いの違いを認め合い、融合する祈りの世界です。

このように言うと難しく聞こえますが、つまりは同じ世界で生きているのだから、仲良くしましょうということです。そうすれば、きっと一寸先が光で満ちて見えてくるはずです。

村上信夫の後説

第1回のゲストは、臨済宗円覚寺派管長の横田南嶺さん。

下見に行ったとき、麟祥院本堂に横田さんが達磨さんを描いた掛け軸を見つけた。禅の勉強会で、再三、横田さんがここを訪れていると知り、お寺で始めるにあたって、最初に招くのは、この人しかいないと思った。矢野宗欽住職にご助力願った。遠い雲の上のような人が、二つ返事で引き受けてくださった。

南嶺さんは、全然堅苦しい人ではない。柔軟な思考の人。ユーモアのある人。高みにつかない人。

会場のひな壇につくやいなや「まるで結婚発表の記者会見場のようですね」と笑いを

誘う。

ボクが「第1回なので、いささかキンチョーしている」と言うと、「キンチョーは夏だけにしてください」と返す。ギャグに同じ匂いを感じる。

南嶺さんの選んだタイトルは「一寸先は光」。

南嶺さんの敬愛する坂村真民の詩『鳥は飛ばねばならぬ』に、「一寸先は闇ではなく光であることを知らねばならぬ」という言葉がある。

そう思うだけで、明るい未来が感じられる。闇と思えば闇が、光と思えば光が現れる。「人は生きねばならぬ」のである。生きることの意味を考えなくていいのだ。生きることが意味なのだ。「の」と「が」で大きな違いがある。先祖から受け継いだバトンを次の世代に渡すため、全力で生きねばならないのだ。

寺子屋の締めくくりで、横田南嶺さんに、坂村真民の「あの詩をご紹介ください」と振った。

「あれですね」と阿吽の呼吸で朗読してくださったのが、『二度とない人生だから』。

「二度とない人生だから、一輪の花にも無限の愛をそそいでいこう…」

この場限り、この時限りと思い、誠意を込めていく。そんな生き方を、あとに続く若い人に継承することを真民は、常に意識していた。

真民は、学校教師を定年退職後、午後4時すぎに就寝し、午前零時に起床。ただひたすら言葉を授かるための詩作に費やした。「夜中の未明混沌の時、闇だか明るさだか区別がつかない時間帯が、一番ことばを授かる」そうだ。

そして、夜明け近くに、自宅近くに重信川の河原で、朝の冷気を吸い込み、太陽の光を浴びながら、世界平和を祈り続けた。

南嶺さんは、1964年、和歌山県の新宮で生まれた。幼い頃から、死を意識してい

たそうだ。

人は死んだらどうなるのか、考えをめぐらし、本を読んだ。

結果いきついたのが「シャボン玉」。

シャボン玉は、壊れてもどこにもいかない。

中の空気と外の空気が一緒になっただけ。

光も空気も人間も、みな同じいのち。

いのちは消えてなくなったり、どこかに移動したりしない。

そのまま、元の世界で一つになり、同じいのちに帰るだけ。

「どこにもいかない」という思いに至り、得心した。


坂村真民も、「瞬間を真実に生きてさえおれば、それが尊い歴史になる」という。

その瞬間瞬間に全力を傾ける。それがやがて積み重なって、大きな力になっていく。

善き心を持って、善き思いで生きていれば、必ず善いものが実現していく。善き思いは今の一代では無理でも、次の世代に確実に受け継がれていく。

渡されたバトンは、しっかり受け取り、次の方に渡すため、この人生を精一杯全力で生きなければならない。

いのちは、無常の川の流れ。常に生じ、常に滅する繰り返し。

だが、今の人たちは、物事を「短くしか見ない」。

いま良いことをしておけば、すぐには芽が出ないかもしれないが、次の世代、またその次の世代で実を結ぶかもしれない。

◆みなさんの感想から…。

●お二人のやりとりが、言葉の一つ一つが、乾いた心を優しく耕してくれ、生きる力をもらった。
●自分では整理出来なかったことが明快に語られ、心の霧が晴れたような気がした。
●わかっていることがいいと思いがちだが、わからなくていい。わからないは謙虚さを生む。わかっていることがすべてではない。本当にそうだと思った。
●南嶺さんの凛としたお姿とユーモアあふれるお姿、どちらも見せていただいた。
●「やる気がないときはどうしたらいいか」という質問に「寝る!」と南嶺さん即答。「起きてから考えればいい」。その通りだと思った。

●事前アンケートから、村上さんが、いろんなメッセージを拾い上げ、それを横田南嶺さんと、ひとつひとつ紐解いて、私たちの心の扉の前に、そっと届けてくださる。それを、また丁寧に受け取り、自分の心の中にしまう。これこそ、大人の寺子屋。親の介護という、不安だらけの闇の中に足を踏み入れたばかりの私に、たくさんのあたたかな言葉、お二人の優しい眼差し、お寺というあの空気感の中に、あえて身を置く事で、光が見え、心が洗われ、涙もたくさん流した夜でした。

第二回

「魂が喜ぶように」

〜作詞家　吉元由美

村上信夫の前説

本日のゲストは大ヒット曲『ジュピター』の作詞家、吉元由美さんです。

まだ知り合ってから1年しかたっていませんが、ずっと長くお付き合いしてきたような、不思議な親しさを感じる間柄だとぼくは思っています。

初対面の日も、いきなり意気投合しまして、それこそ、公開出来ないようなことまで語り合いました。

日本はどうなっちゃうのか？　とても心配だけど、ただ憂えるのではなく、少しでもよくなる方向に進むよう、なにかできることをしたい。

若い世代——これからの日本を背負う人たちに、自分たちが持つ知識や想いを伝えたい。そんな恩送りができないものか。

初めて会った時から、そんな突っ込んだお話もしました。

そんなぼくたちの共通点は言葉。日本語を扱う仕事をしていることから、言葉には深い想いがあります。

今日はどんな言葉が飛び出すのか、楽しみでなりません。

吉元由美かく語りき

◆産んだ子が立派になって帰ってきた『ジュピター』

村上さんのご紹介でもいちばんにあげていただいたので、私が詞を書いた『ジュピター』について、最初に少しお話ししてみたいと思います。

この曲はイギリスの音楽家ホルストが作曲した『惑星』という管弦楽組曲の第四楽章『木星』の一部に私が詞をつけたものです。

２００３年に平原綾香さんのデビュー作としてリリースされ、大ヒットしました。

作詞にあたり、私はまず彼女のデモテープを聴いたのですが、その声に驚かされました。地の底からわき上がるような低音で歌うかと思うと、天から降り注ぐような声なのです。

音域が広くてダイナミックな彼女の歌い方に、私はかつて見た稲光りをイメージしました。

その雷光を見たのはアリゾナ州のセドナ——アメリカでネイティブアメリカンの聖地と呼ばれる地でした。

はるか遠くで稲光りが地平線に突き刺さる荘厳な景色を目にしたのです。その光はまるで天と地をつなぐエネルギーに思えました。

平原さんの声を聞いて、私はその稲光りを思い出したのです。

ならば、天と地をつなぐ歌詞にすればいいと思い、書いたのが『ジュピター』です。

『ジュピター』がリリースされた10か月ほど後に中越地震が発生しました。人や建物に大きな被害が出たのに加え、避難する方が10万人を超える災害でした。

これは後に知ったのですが、被災した方の中に、『ジュピター』に励まされた、と思ってくださる方がたくさんいたようです。

あの歌には「一人じゃない」というフレーズが3回も出てきます。その言葉が被災した方たちの心に響いたのかもしれません。

数年前に、震源に近い地域にうかがったとき、農作業をしていた地元のおばあさまが、「『ジュピター』を聴いたよ」と手を握ってくださいました。

作詞家は普段、人と関わることなく、部屋で一人歌詞を書きます。楽曲がリリースされた後は「〇〇さんの持ち歌」としてアーティストに紐付けられるケースが大半です。ところが、『ジュピター』については「辛い気持ちを励ましてもらえた」という声が私のところまで届きました。

その時、感じたのは産み育てた子が立派になって帰ってきたような、不思議な思いでした。長く歌の制作に携わってきましたが、歌の力をあらためて感じました。

◆ありのまま　子どものままで

『ジュピター』については村上さんからもお褒めいただいた記憶があります。「ありのままでずっと愛されている」というフレーズが自己肯定感を高めてくれる、と。

この言葉で私が示したかったのは誰もが素の自分でそのまま愛されている、魂のままに愛されているんだ、ということです。いい子でなくてもいいし、優秀でなくてもいいし、なんならダメダメでもいい。

でも、人はどうしても他人には背伸びした姿を見せたがります。

それがうまくいかないと自己卑下したり、逆にうまくいってしまうと増長したり、とありのままでいるのは簡単ではありません。私自身、一生かかっても「これがありのままの自分」という域にたどり着けるか。

以前、霊感が強いと言われる方に「あなたの本質はちゃらんぽらん」と言われたことがあります。

それを聞いた時には、なんだかとても安心しました。私はそういうものだ、と腑に落ち気が楽になったのです。

ありのままというのは子どものままとも言い換えられます。

アメリカの環境学者であるレイチェル・カーソンの『センス・オブ・ワンダー』という著書があります。自然豊かな海辺の別荘で姪の息子と過ごした夏の日々について書かれた本で、「不思議なことに目を見張る感性」の大切さについて、詩情豊かな文章で綴られています。

子どもはほんの些細なことに驚いたり新たななにかを発見したりします。そういった

「不思議だな」「素適だな」と感じる心――センス・オブ・ワンダーを持ち続けること、そのような感動を分かち合うことが大切だとレイチェル・カーソンは語っています。

これはクリエイターはもちろん、誰にとっても意義深い考え方だと思います。出会うすべてのものにありがたみや新鮮さを感じ、「これはなに？」「なぜなの？」と考えるフレッシュな気持ちを持ち続ければ、世界は違って見えてくると思います。


村上さんに紹介いただいた『ゆきの日に』という絵本でもまさに、子どものままでいる意味が語られていると感じました。

雪が降ると大人は「たいへんだ。最悪だ」と感じがちです。滑って転ぶかもしれないし、電車やバスが遅れたり、道路が渋滞したりするからです。

でも、子どもは違います。「雪の日は最高！」と大はしゃぎします。そんな子ども時代を大人たちは経験しているのに、いつのまにか忘れてしまいます。

ものの見方を柔軟に変えられたら、マイナスに思えたものがプラスになります。

たとえば、雨が降ると（雨か…）と気分がどんよりしがちです。でも、雨が降らなければ作物は育ちません。お肌もカサカサになってしまいます。

ですから、どんな雨も「恵みの雨だ！」と言えるはず。たまに激しく降ったら「浄化してくれる雨」と考えるのもいいでしょう。

そんな風にものごとをとらえたら、嫌な日は一日もありません。

◆国の力が落ちるのは言葉が乱れた時

村上さんと私には共通の思いがあります。それは日本という国の未来に対する憂い。

村上さんが『大人の寺子屋』を開いているように、私は『言の葉塾』という私塾を設けて、多くの人に日本語の扱い方や言葉を通じて感性を磨く取り組みを提供しています。

言葉の乱れは国力の低下につながります。

『令和』という年号の名付け親といわれる万葉集の研究家、中西進先生はご著書の中でそう語っておられます。

国の力とは経済力でも軍事力でもなく、文化の力だというのです。文化を支えるのは言葉です。言葉が乱れると文化が衰え、その国は衰退してしまいます。

しかも、一度衰えてしまった文化は取り戻せません。

そういった目線で今の社会を眺めた時、私が心配している事柄の一つに言葉の消滅があります。

言葉には、その言葉の精神が宿っています。ですからその言葉を失えば、私たちはその精神を失うのです。

たとえば、「はしたない」という言葉を最近聞かなくなりました。品格や慎みに欠け、見苦しくみっともないさまを表す言葉です。総じて、そういう様子を恥じるべきものとする価値観をも示します。

子どものころ、お行儀の悪いことをすると、私はよく両親に「そんなはしたないかっこうはやめなさい」と叱られました。「はしたない言葉遣いはやめなさい」と注意されたこともあります。

でも、最近めっきりこの言葉を聞かなくなりました。そうなると、世の中に、はしたない行為が横行するのです。「はしたない」という言葉と共に、その精神を失ってしまったのですね。

他にも世の中から消えようとしている言葉は少なくありません。

ご先祖様への感謝を示す「おかげさま」。

無事に帰ってきてほしいという願いを告げる「いってらっしゃい」。

ご先祖様から送られてきた大切なバトンが今、途切れようとしているのです。

◆「水玉コロン」の中にある宇宙を思う

文化を守り、言葉を守るために私ができることはなんだろう?

そんな問いかけを自分にしながら、『言の葉塾』では、塾生と言葉について考えています。

『言の葉塾』の説明にはこう記しています。

『言葉と感性と心を磨き、言葉を自分の強みにする』

「感じる心」が、あなたの感性の翼を拡げる。

「味わう時間」が、あなたの言葉を深くする。

「紡ぐ指先」が、あなたの文章に命を吹き込む。


実用書、ハウツー本は左脳を刺激します。

小説、詩、随筆は右脳を刺激し、時に感情を揺さぶります。

論理性と効率性を求める時代の中で、
私たち日本人が忘れてしまったもの。

情趣を味わう感性。

もののあはれ、やまとことば、やまとこころ。

物語に癒やされること。

日本語の繊細で豊かな情感は、まさに日本文化の財産です。

女性の時代と言われている今、
日本語の情趣を味わう感性と言葉を身につけ、文章力、表現力を自分の強味にすることで、
世界の見方が変わり、豊かな人間力を育んでいくと考えます。

古来、日本人の中心には豊かな情緒が息づいています。

美しい菊の花を見て、「これは○○菊だね」「キク科の植物だ」などと語るのは知的で合理的な見方と言えます。

それよりも先に「わあ、きれい！」という感動が言葉として出てくる。

日本人はそういう情緒で自然とつながり、他者ともつながってきたのです。

最近では、ＳＮＳを楽しむ人が増えていますが、言葉を磨く場所にしてみてはどうでしょう？「ハンバーグを食べた」などの行為をつづるだけでなく、「どんなふうに」を表現し、情緒を言葉にして発信してみる。すると、より気持ちが伝わり、人とのつながりを楽しめると思います。

たとえば私なら、「水玉コロン」のことを書いてみます。

雨上がり、さといもや蓮の葉の上に載っている水滴はコロンと丸い玉になりますよね。あの丸い雫が大好きなんです。コロンとしたひと雫の中に宇宙が映り込んでいるようで。小さな水玉に空が映り込みます。空の上には宇宙が広がっています。水滴が玉になるのは表面張力など宇宙を形作る不思議な力がはたらいています。

そんな風に考えると、ひと雫の水に宇宙の存在を感じて、ついつい見入ってしまいます。

本当に素適なので、みなさんも「コロン」を見かけたらぜひ、その中に映り込む宇宙を感じてみてください。

◆それぞれのエネルギーに合う言葉で人間関係を整える

情緒や感情を言葉にするのが苦手、という人がいます。

でも、嬉しかったり楽しかったりした時には、すぐに感情を表に出して伝えた方が、人間関係はうまくいくものです。

たとえば、誰かと食事に行ったとき、別れ際に感謝と気持ちをこめた言葉をひと言添えてみる。

「楽しい時間をありがとうございました」

「お目にかかれてうれしかったです」

「またぜひ、ご一緒したいです」

こんなささやかな言葉でも、言われた人は喜びます。

誰かの自慢話にも、プラスのエネルギーを込めた合いの手を入れると、言葉は潤滑油としてはたらきます。

私がおすすめしているのは「すごいですね」「素晴らしいですね」「さすがです」という三つの合いの手。

口にしてみると、気持ちがいい。素直に相手を賞賛したくなってきます。

まず肯定することで、お互いが言いたいことを言いやすくなる、という利点もあります。

もしも、相手にとって耳が痛いことを言わなければならない場合も、褒めたり肯定したりした後で注意を促し、さらにもう一度褒める、といった手順を踏めば、聞き入れてもらいやすくなります。

「君の提案は素晴らしいね」

「でも、ここをもう一工夫すれば、もっとよくなるよ」

「いや、それにしても君の提案能力はさすがだよ」

こんな風に話を進めればいい、という具体例を村上さんからも教わりました。

私は今、音楽大学で授業を担当しています。学生が提出する歌詞を添削することがあるのですが、これからは頭を抱えたくなるような作品が届いた時も、こんな風に褒めることからアドバイスしていこうと思います。

◆魂が喜ぶ方を選んでみる

私が言葉を大切に思う理由の一つに「人生は今生だけではない」という考えがあります。今の人生だけでなく、生まれる前の人生もあるし、死んだ後もまた人生がある――スピリチュアルな発想に思えるかもしれませんが、輪廻転生は仏教では一般的な教義です。

私自身はこの考えを信じています。

ですから、魂が成長し進化できるよう、テーマを持って生きていきたいのです。

魂の成長を表す言葉に、「魂磨き」というのがあります。魂が喜ぶ生き方をして、玉を磨くように自らの魂を美しく整えていくことを言います。

魂が喜ぶ生き方とは単に楽な人生ではありません。目の前に二つの選択肢があったとしましょう。Aを選べば苦労することなくお金持ちになれます。一方、Bを選ぶと苦労はありますがその分、人として成長できるかもしれません。

この状況でBを選ぶのが、私は魂が喜ぶ生き方だと思っています。魂の進化につながる選択だからです。


ただ、現実はもう少し複雑ですし、選択の結果がスッキリ見通せるわけではありません。たとえば、体調に合わせて何を食べるか選ぶ時、「魂が喜ぶ」「体が喜ぶ」ことを念頭に置いて選択します。

肉類が好きな人も、胃腸の疲れを感じたら、あえてさっぱりした野菜中心のメニューを選ぶでしょう。そちらの方が、身体が喜ぶことを知っているのです。

日々、選択の連続です。そんな時、「魂が喜ぶのはどちらだろう?」と考えながら選んでいくと、自然と最善の道を選択しやすくなります。

魂を磨くために、滝に打たれたり断食したりする必要はありません。魂が喜ぶ生き方をするうちに自然と磨かれていくのが理想です。

いま、この瞬間からできることは、自分の言葉を整えていくことです。先ほどまでお話してきたように、言葉には精神性が宿っています。言葉はその人を表します。その人の文化を表します。ポジティブな言葉、美しい言葉を一人ひとりが心がければ、世界はまろやかになっていくと信じています。

村上信夫の後説

吉元さんは、このたびのテーマを決めるにあたり、このように述べている。

「今、世界は私たちが日常の中で感じている以上の、異常さが渦巻いている。この世界を構成する小さな一員として何ができるのか。

この時代を選んで生まれてきた私たちの魂の選択と大いに関わっている。日本人に生まれてきたことにも、大きな意味がある。時代を嘆いていても何も変わらない。風は向こうからは吹いてこない。自分の中にどんな風を吹かせ、自分からどんな風を吹かせることができるか。魂が喜ぶように生きる」

会場の皆さんにも、魂が喜ぶ生き方を聞いてみた。

●無理せず、穏やかに、人も自分も笑顔になれる生き方。
●自分も相手も尊ぶこと。
●天命使命に生きること。
●自分の心に素直に生きること。
●今をこそ、豊かに味わって生きられること。
●どんな自分も認め楽しみこと。
●照れずに「有難う」を素直に言える生き方。
●忘己利他の精神
●自分の直感に従ってやりたいと思うことだけやる生き方。
●あるがままに恩返し出来ること。
●美しい言葉に触れる機会がたくさんある人生。
●世間体にとらわれないこと。
●辛いことや苦しいことも、お互いに笑い話として語り合える仲間を持つ生き方。

●心と身体の声を聞き、命の感謝すること。
●自分がどう思うか？　どうしたいか？　を大切にすること。
●今生が終わるまで、精一杯生きること。

この回答の中に、ずいぶんと示唆がある。
こういう想いをこそ、次世代に受け継いでいきたい。

日本人が忘れてしまったもの。情趣を味わう感性。
もののあはれ、やまとことば、やまとこころ。
日本語には、「雨」の表現だけで５００はあるという。
日本語の繊細で豊かな情感は、まさに日本文化の財産なのだ。
日本語の情趣を味わう感性と言葉を身につけ、
表現力を自分の強味にすることで、世界の見方が変わり、豊かな人間力を育んでいく。
そんな吉元さんの考えに、まったく同感共感する。
ゆえに、対談がこの上なく楽しかった。

90分間、みなさん、メモを取りながら、うなづきながら、熱心に聴いてくださった。

「言葉を生業とするおふたりの話は、静寂の中で呼吸するようにスーッと心に染み入るぜいたくな大人の時間でした」と評してくれた人がいた。有難い。

ほかにも…。

●子ども心を持ったお二人の大人の対話が心地よかった。

●素適な人になれるよう、綺麗な心になれるよう、導いてもらっているように思えた。

●人にいい言葉を使うと、自分の気分もよくなると確かに思えた。

●「どんなふうに」が自分のオリジナル…と、聞けてよかった。

●「どんなふうに」「どのように」を心がけたい。

※短い簡単な言葉で済ませがちだが、「どんなふうに」嬉しいか、「どのように」美しいかを付け加えるのが大切という話。

●自分の感性、自分だけの輝きをもっと愛でたいと思った。

●長年、言葉と深く関わっているお二人だけに、一言一句、例え話の端々にも味わい深いエッセンスが散りばめられていた。いただいた「波紋」を伝えていきたい。

そう、ここで聴いた話を、自分の引き出しにしまい込んだままにしないで、身近な人に伝えてほしい。それこそが「継承」。

最後に吉元さんは、こう締めくくった。

「私たち日本人が失ったものは大きい。失った経済はいつか復活させることはできるが、失った精神性を取り戻すことは難しい。でもまだ間に合う。間に合うと信じたい。毎日、世界で起こっていることに落胆し、亡国を目指しているかのような政治家の発言や政策に絶望しそうになるけれど、間に合うと信じたい。

それには、日本の美しいものに出会い、日本の言葉を味わい、自然の中に身を置くこと。

そして、心の中にある言葉にならない思いに、名前を与えていくことだと思う。
二度と取り戻せないものがある。それはすごいこと」だと。

第三回

「江戸っ子に学ぶ心意気」

〜作家 山本一力

村上信夫の前説

日本は世界に誇る様々な文化、精神性を持っていますが、それらが培われたのは江戸時代なのではないかと思います。今求められているのは、私たちの中に眠っている江戸の感性を呼び覚まし、そこから改めて未来を作っていくことなのではないでしょうか。

今日お迎えするのは、そういうお話をするにはこれ以上ないゲスト、時代小説の名手、山本一力さんです。第77回オール讀物新人賞を受賞した短編『蒼龍』や江戸時代の豆腐屋の親子2代に渡る有為転変を描いた直木賞受賞作『あかね空』など、江戸を舞台にした数々の傑作時代小説の作者です。

振る舞い、仕草、言葉遣いに江戸がすっかり染み付いている人で、私は密かに江戸時代に生きていたのではないかと思っ

ています。

初めてお会いしたのはＮＨＫのラジオ番組でした。スタジオに入ってくるなり、第一声が「のぶさん、ここがアンタの仕事場ですかい」。それ以来すっかり意気投合し、会えば時間が過ぎるのを忘れるほど話し込む仲になりました。

今日は雨降りの日でしたが、りきさん（私は親愛の情を込めて、こう呼ばせていただいています）はなんと番傘を差していらっしゃいました。まずはそのあたりの話からお伺いいたしましょう。

山本一力かく語りき

◆番傘が教えてくれる、日本の心

私は時代小説作家をやっておるんですが、原稿を書いていく時、目一杯その時代に入り込むようにしています。最近は清王朝の中国と、ジョン万次郎のアメリカを舞台にした小説を書いているものですから、今日みたいに雨が降っていると番傘を差して出かけるのです。

私がこの傘を誂えたのは『あかね空』で直木賞に手が届いた年ですから、もう20年になります。その時に職人さんに「私の傘は20年経っても大丈夫ですよ」と言われたのですが、正直当時の私は単なる比喩で言っているのだろうと思いました。

せいぜい持っても5年か10年程度だろう、と。しかし現に20年、なんの手入れもなしにこうして使えています。加えて土砂降りの雨の中に差して出て行っても、雨音がバラバラと乾いている。本当にすごい代物だなと思います。

美しい雨音を響かせる和傘職人になろうと思うと5年はかかるそうです。これが実際の5年なのか、精神的な意味での5年なのかは私にはわからないのだけれども、ともかくも並大抵の努力ではきちんとした傘は作れないというわけです。

和傘には30以上もの工程があり、大きく分けても「骨組み」「和紙張り」「色・漆塗り」「仕上げ」の4つの工程があります。昔は分業体制でやっていたようですが、職人の数が減ってしまって、1人が一貫して作るほかないというのが現状です。

しかし江戸の職人が培った技術は確かに残っていて、糊の作り方、和紙の張り方、油の加減や乾かし方、一つひとつの作業に上手下手というのがあります。職人の奥義というのは、私のような人間には計り知れない、深く細かいところにあるのでしょう。

また、私は職人さんに自分が時代小説作家だと話したものですから、こうも言われました。

「五感で感じなさい。そうしないで小説を書いていたって、上滑りの代物になっちまいますよ」

そして、五感で感じるためには傘を広げて雨の中を歩くのが一番だとも言われました。傘を広げると、雨の中に自分を没入させることができます。雨の景色はもちろんですが、雨の匂い、雨の音、少し手が濡れた時の感覚。それらが一気に押し寄せてくる。それを感じなさい、というわけです。

事実、雨の中をこの傘を差して歩くと、色んなことを教えてもらえます。

これは雪駄も同じです。雪駄というのは竹皮で作った草履の裏に皮を張り、その踵部分に尻鉄（しりがね、金具）を打った履物です。
私は和傘と一緒に雪駄も誂えたのですが、これを履いて石の上を歩くとチャリンという音がなります。逆にたたきのような硬い土の上を歩く時には音が出ません。やはり足音を通じて、今自分がどこを歩いているのか、何をしようとして向かって行っているのかを教えてくれるのです。

職人さんはまた「この2つでもって町を歩いて、その感覚を自分の中に取り込んで小説を書けば、あなたは自分の町を好きなように描けるでしょうね」とも言ってくださいました。本当にこの職人さんは、自分の仕事に矜持を持ってやっているんだなと思いました。

以来私はこの番傘や一緒に誂えた雪駄を使う時には、自分は物書きとして偉そうなことを言えるものを書けているかなと、自分に問いかけているのです。

◆職人の矜持、武士の弁え、添乗員の本分

落語の小噺に、こんなものがあります。

「おい、昨日お前さんに吊ってもらった棚、ありゃダメだよ」

「何だって⁉　俺が作った棚の何がダメなんだ！」

「何がダメって、昨日の今日でもう落っこっちまったよ」

「そんなわけがねえ！　俺は職人だぞ。その俺が吊った棚が落ちるもんかい」

「実際に落ちたからこう言ってるんじゃねえか。なんならお前さん、うち来て見てみるかい」

「まさかアンタ…何か物を載っけたんじゃねえだろうな…？」

こういう小噺があるくらいには、当時の江戸にもむちゃくちゃな仕事をする職人がいたのでしょう。しかしもしこんな職人ばかりだったとしたら、逆に小噺にはならなかったはず。どこにでもある話をしても面白くないからです。

だからやはり、多くの職人は私の番傘や雪駄を誂えてくださった職人さんのように、自分の仕事に矜持を持っていたのだと思います。

この矜持というものは、江戸時代人が当たり前に備えていた素養だったのではないかと、私は考えています。

例えば武士。「武士は食わねど高楊枝」という諺があります。現代では気位が高い、やせ我慢をするという意味で使われることもありますが、本来は武士の清貧と高潔を表す言葉です。

江戸時代の下級武士は自分の屋敷を持てず、町人や貧農と同じ長屋に住む人も多かったと言います。

金がないので腹がいっぱいになるほど食えないこともあります。しかし武士はそれでも「あー、食った食った」と言わんばかりに高々と楊枝をくわえて見せなければならない、という矜持を持っていたのです。

こういった武士たちが矜持と共に備えていた素養が「弁え（わきまえ）」です。彼らは自分たちの本分を弁えて、それを違えるようなことはしませんでした。

時代劇などでは、お金がなくて食い詰めた武士が内職で傘張りをしているという描写があります。そういう事実があったかどうかはわかりませんが、私が誂えてもらった番傘を思うと、「食べていけないから傘でも張ろう」なんて片手間でできるような代物ではないわけです。

にもかかわらず傘張りをするというのは、武士の本分を弁えずに、職人の領分に立ち入る行為であったはずです。だから私は、実際に傘張りを生計の足しにしていた武士は言われるほどはいなかったと思います。

ではどうやって日銭を稼いでいたのかと言うと、上方（関西地方）で言えば寺子屋、江戸で言えば筆学所の先生です。ここで町人や農民の子どもたち向けに読み書きや計算を教えて、例えば1人につき4文銭を1枚（今の100円程度）を受け取る、といった具合です。

言ってしまえばまったく儲からない仕事です。それこそ下手くそでも傘張りをしていた方が儲かったかもしれません。しかし彼らはそうやって弁えないことをするよりも、武士としての気高い生き方を選んだのです。

矜持や本分、弁えなんて、いかにも時代小説作家の使いそうな言葉だと思う向きもあるかもしれませんが、私が若い時分にはまだこういう言葉遣いをする人があちこちにいたものです。

私は昭和41年から50年まで、旅行会社で添乗員の仕事に就いていました。10代から20

代半ばの頃です。

添乗員には見習い期間があって、その期間が終わるといよいよ一人前として1人でお客様のお世話を任せられます。

私の見習い期間が終わり、いよいよ明日から1人でとある企業の慰安旅行の添乗員として、日光と鬼怒川に行くという日でした。日頃から厳しかった先輩に「おい、山本」と呼び止められました。「何でしょう」と尋ねると、「お前、明日から添乗に行くんだろう。じゃあ添乗員の本分は何か、今すぐ言ってみろ」と言うのです。

当時の私はちょうど20歳になったばかり。本分と言われたところで、これっぽっちもわかりません。とはいえ明日から1人で添乗するという日に叱られては縁起が悪いと思い、とにかく思いついたことを片っ端から言いました。

すると先輩は私の話を遮って「おい、待て。お前、今日のうちに会社を辞めろ。お前みたいなやつを添乗へ出したら、会社が迷惑する」と言い放ちました。

一瞬呆然となりました。そんなこと言われたって、わからないものはわからない。「じゃあ、教えてください」と言ったら、「仕方のないやつだ。1回しか言わないからちゃんと聞け」と言って、こんな話をしてくれました。

「お前は明日、55人のお客様を連れて日光と鬼怒川に行くが、日光東照宮の苔むして滑りやすい階段で、お前が気を抜いてお客様が怪我をされたとする。お前は責任を取ると言うだろうし、会社は責任を取らせてクビにすると言うかもしれない。しかしそんなものは屁の突っ張りにもならない。お前がクビになっても、お客様の足は元通りにならないんだから。本当に責任を取る気のある添乗員というのは、事故が起きないように常に目を配っている人間のことを言うんだ。つまり添乗員の本分というのは、元気なまま連れて行ったお客様を、元気なまま連れ帰ってくることだ。それ以外は全部おまけだ」

まるで和傘職人が20年後も雨を弾く傘を作るように、まるで武士が読み書きや計算で日銭を稼いだように、自らの本分を全うすることを第一とした添乗員があの時代にもいたのです。

ここまで職業に紐づけて矜持や本分、弁えの話をしてきましたが、これはひとりの人間としても持っておくべきものです。

例えば近頃ＳＤＧｓやリサイクルといったカタカナ語を見かけますが、環境問題は皆が「個人が多少いい加減なことをしたって、何も変わらないだろう」と自分の本分を弁えずに、まだ使えるものを捨てたり、余計なゴミを増やしたりするから、いつまでも解決しないのです。

そうではなく、日本人が江戸時代から培ってきた物を大切にする精神性に矜持を持って、自分の振る舞いが世の中に及ぼす悪い影響を弁えていれば、随分と状況は変わるんじゃないかと思うわけです。

「中村仲蔵」という落語の演題があります。江戸時代の大役者、初代中村仲蔵の出世物語ですが、この中に雨と傘にまつわる話が出てきます。

ある時、仲蔵は『仮名手本忠臣蔵』の斧定九郎という役をもらいますが、なかなか難しい役で、どう演じるべきかと頭を悩ませます。一向に答えが出ず、蕎麦屋で蕎麦をすすっていると、夕立に降られてずぶ濡れになったいなせな若者が入ってきます。

彼は店の戸を閉めるなり、「傘があったせいで濡れちまった」と言います。どういうことかと尋ねると、出先で傘を借りたので、多少の雨が降っても傘があるから大丈夫だとタカを括っていたら、よこされた傘が柄漏れするどころかあちこち破れていたものだから、傘を差さない方がマシだと思われるほど濡れてしまったのだと話します。

仲蔵はこの若者の風体にピンときて、見事斧定九郎を演じ切るのですが、実はこの場面には江戸の物を大切にする精神性が表れています。

というのも今の時代なら、借りた傘が使い物にならなければ、どこかで捨ててきてしまう人も多いのではないでしょうか。しかしこの若者はずぶ濡れになりながらも、傘を蕎麦屋まで持ってきています。

なぜなら江戸時代の和傘というのは、骨さえあれば紙を張り替えるだけでもう一度使えるからです。だから壊れていても捨てずに取っておくのです。

確かに消費社会の今の時代に、破れたビニール傘を後生大事に取っておくというのは考えにくいかもしれません。そもそもが直して使えるようなものが少ないのだから、捨てるほかない場合がほとんどです。

しかしだからと言って、日本人が古来培ってきた精神性まで使い捨てにするのはもったいない。もし物を使い捨てにする時でも「ああ、俺はこれを捨てちゃうんだな。もったいないな」と感ずる心を忘れないようにしたいものです。

◆次世代に受け継ぎたい「日本の言葉」

私が時代小説にのめり込んだきっかけは、松本清張さんの『かげろう絵図』でした。そこから『佐渡流人行』『天保図録』や、池波正太郎さんの小説を読むうちに、すっかりとりこになり、自分でも書くことに決めたのです。

時代小説の魅力の一つと言えるのが言葉遣いです。日本の古い言葉や文章には、何とも言えない美しさがあります。例を挙げるとキリがありませんが、私が中学2年の時に古文の授業で習った「夏は来ぬ」という唱歌がありました。

「夏は来ぬ」は卯の花（ウツギの花）やホトトギス、五月雨、田植えの早乙女に、橘、蛍、楝（おうち）、水鶏（くいな）といった初夏の風物を文語体で描いた作品です。佐佐木信綱という方が作詞を、小山作之助という方が作曲をしています。

この作品は5番まで歌詞があるのですが、先生はこの歌詞を全てガリ版刷（鉄筆でワックス紙に文字を書き、できた微細な穴にローラーでインクを刷り込む印刷方法）にして生徒に配り、一つひとつ内容を説明されました。

「夏は来ぬ」の歌詞は日本の季節の美しさを文語体で表現していて全編本当に素晴らしいのですが、中でも記憶に残っているのが、5番の歌詞です。

五月（さつき）やみ　蛍飛びかい
水鶏鳴き　卯の花咲きて
早苗植えわたす　夏は来ぬ

五月やみとは、五月闇のことで、旧暦5月の梅雨の時期、雨が降る夜の暗さのこと。水鶏は『源氏物語』や松尾芭蕉の俳句にも登場する鳥で、卯の花は初夏に白い花を咲かせるウツギの花、早苗は田んぼに植え替えられる稲の苗を指しています。

中学2年の私は、この「五月やみ　蛍飛びかい」という歌詞にいたく感動しました。というのも、このように歌うだけで梅雨の時期の深い闇に、ふわりと灯る蛍の光がまざまざと目に浮かび上がったからです。

翻って、今のように言葉を生業にする立場になってみると、こうした言葉の美しさ、強さというものは、本当に計り知れないものがあるなと痛感します。

しかしながら、今の時代に「文語体を使いましょう」と言ったところで、聞く耳を持つ人はほとんどいないでしょう。なぜなら、すっかりカタカナ語が日常の中に溶け込んでしまっているからです。

とはいえ、日本古来の言葉が忘れ去れていいということにはなりません。カタカナ語を受け入れつつ、日本の言葉の美しさもきちんと顧みて、次世代に継承していくこと。それが今、私たちの世代の本分なのではないでしょうか。

村上信夫の後説

「のぶさん」「のぶさん」と会話の中に何度言ってもらったことか…。重低音の響きで「のぶさん」と言われるたび、恍惚となる。

時代小説の名手、作家の山本一力さんを、ボクも「りきさん」と呼ばせてもらおう。りきさんが、時代小説を選んだのは、言葉がきれいだから。

現代語もカタカナも外来語も使えない。日本語本来の美しさで勝負するしかないと思ったから。

ふるまいに関わる「心意気」を伝えていくのが、物書きの使命だと思っている。りきさんは、２００２年、直木賞を受賞した時にもらった番傘と雪駄を、いまも大切に使っている。番傘の雨音を聞きながら、雪駄で大地を踏みしめながら、五感で江戸を感じながら小説を書いている。

江戸時代の人々は、士農工商と身分がはっきり分かれていたが、それぞれの分を極めた。「矜持」や「誇り」を持っていた。武士も町人も、自分の道を懸命に生きていた。武士の筋の通し方、町人の潔さがあった。

八代将軍吉宗は、桜の苗木を植樹する政策を実行した。向島から押上にかけての大川（隅田川）の土手、王子から飛鳥山一帯は、今でも花見の名所だ。花見が出来るようになったのは、吉宗没後20年くらいしてからだ。没したのち花が咲き、人に長く喜ばれる生き方だ。後世の役に立てばいいと布石を打つのは、日本人が代々受け継いできた「生き方」の心得といえる。

粋の話もした。

もともとは「意気」と書き、「心ばえ、気合い」などを言ったが、様々な意味を持つようになり、精神だけでなく衣装風俗にも使われるようになった。

辞書には「きっぷ、容姿、身なりなどがさっぱりとして、洗練されていて、しゃれた色気があること」とある。

深川の辰巳芸者は、冬でも裸足に下駄。男まさりで羽織をまとい、そのきっぷのよさが「粋」。イキは生き甲斐。

上方では「粋（すい）」という。突き詰めた末に結晶される文化様式（絢爛豪華な振袖の着物など）、字のごとく純粋の「粋（すい）」である。

江戸の「いき」は、突き放さず突き詰めない。

江戸の「いき」は吐く息に通じる。不要なものはため込まず、サッパリ・スッキリとこそぎ落とす。引き算の美学。ひけらかさない。

上方の「すい」は吸う息に通じ、何でも取り入れ、蓄積していく足し算の美学。文化の違いは面白い。

締めくくりに、りきさんは、『夏は来ぬ」の歌詞の中の言葉を紐解いた。

♪卯の花の　匂う垣根に
時鳥（ホトトギス）　早も来鳴きて
忍音（しのびね）もらす　夏は来ぬ

「忍音（しのびね）」とは、その年に初めて聞かれるホトトギスの鳴き声を指し、『古今和歌集』や『枕草子』などの古典文学作品にも登場する古語の一つ。このほかにも、今ではほとんど耳にしない言葉が出てくる。

「早乙女（さおとめ）」とは田植えをする女性、「裳裾（もすそ）」とは衣服のすそ、「玉苗（たまなえ）」は、「早苗（さなえ）」と同様、苗代（なわしろ、なえしろ）から田へ移し植えられる苗を意味している。

「五月闇（さつきやみ）」、つまり陰暦5月の梅雨が降るころの夜の暗さや暗やみのこと。

ことばを継承するのも大切なこと。

「わきまえる」「腹をくくる」「縷々（るる）として」「時分」「いなせ」「奥義」りきさんの口から、次から次に、古き良き日本語が出てくる。

そうした言葉を聞いて上質の小説を読んでいるような「耳幸せ」な時間だったと、感想を漏らした人がいた。まったく同感だ。

第四回

「時代劇は生き残れるか!?」

～俳優　榎木孝明

村上信夫の前説

今回ご紹介する榎木孝明さんは数々のNHK大河ドラマはもちろんのこと、『天と地と』『半次郎』『HAZAN』、直近では『峠 最後のサムライ』と多くの時代劇映画にも出演されています。

「時代劇はお好きですか?」と尋ねると、目を輝かせて「大好きですね」と即答するほどの愛好家でもありますが、近頃憂いておられることがあるそうです。それは「本物の時代劇」の未来。

確かにNHK大河ドラマをはじめ、制作の現場で働く人々はなんとか時代劇を残そうと懸命に取り組んでいます。しかし世の中の流れもあり、制作本数は年々減少の一途をたどっています。時代劇を専門としてきた照明さんや小道具さんなど裏方の職人さんたちも、今の状況を嘆いているのだとか。

そんな中、榎木さんは「本物の時代劇を次世代に継承したい」という想いで、一般社

団法人『時代文化みらい機構』を立ち上げ、時代劇再生運動を推進されています。

時代劇は日本古来の精神性を体験できる、極めて重要な文化です。果たしてこの文化を次の時代に残せるのか。継承を実現するためにはどうすればいいのか。榎木さんの口から語っていただきたいと思います。

榎木孝明かく語りき

村上さんが語ってくださった通り、時代劇は今、大変な難局にあります。

もう10年以上前、ある時代劇ドラマの放送が終了する時の話です。たまたま京都で別の時代劇を撮っていた私は、昔出演したよしみで最後の撮影に立ち会わせてもらいました。その流れで撮影後の打ち上げに参加すると、スタッフさんが、「もうこれで、俺たちの居場所はなくなってしまうかもしれない」と嘆くんです。みな長年時代劇を専門に映画やドラマの制作を支えてきた職人さんたちでした。

事実、それからの10年で時代劇の作り方は大きく変わりました。作品によっては海外からアクションコーディネーターが参加したり、ワイヤーを使うような派手なアクションが盛り込まれたりすることもあります。それも時代劇の一つかもしれません。

しかし、日本古来の哲学や思想を語り継ぐ文化としての時代劇を知り、指導できる人間は、私の世代を含めて非常に少なくなってしまいました。文化の語り部たる本物の時代劇は、まさに絶滅寸前かもしれないのです。

今回は役者として、そうした絶滅寸前の時代劇と、そこに根付く日本の精神性についてお話しできればと思います。

◆『峠 最後のサムライ』で描かれた美しく生きる日本人

2022年6月に公開された『峠 最後のサムライ』は、本物の時代劇の一つでした。監督／脚本は『蜩ノ記』などで知られる小泉堯史監督、主演は役所広司さん。文政10年（1827年）に生まれ、越後長岡藩（現在の新潟県長岡市）を率いた家老、河合継之助を描いた物語です。私は継之助の幼馴染みで、北越戦争後の復興と近代化を支えた川島億次郎を演じました。

北越戦争とは、幕末に新政府軍と旧幕府軍の間で起きた戊辰戦争のうち、長岡藩の周辺で繰り広げられた一連の戦いのことを言います。

当時の日本では、薩摩・長州を中心とする勢力による明治新政府樹立を受けて、一気に倒幕の流れが強まっていました。新政府側に与して倒幕派につくのか、江戸幕府への仁義を貫き、佐幕派につくのか――全国の諸藩に突きつけられたのは存亡のかかった究極の選択でした。

長岡藩を含む奥州・北陸諸藩も例外ではありません。会津藩は佐幕派の中心でしたし、東北・北越諸藩は奥羽越列藩同盟を結成して新政府軍に矛を向けました。

この時、長岡藩はどうしたのか？　どこの味方にもならない武装中立を表明したのです。この決断の裏側にいたのが、家老・河合継之助でした。彼は中立を貫くことで、長岡のさらなる発展を夢見たのです。

しかし、長岡藩に迫った新政府軍の若き指揮官・岩村精一郎は、和平を求めて直談判にやってきた継之助らの申し出をにべもなく突っぱねます。

ついに戦いが始まってしまうわけですが、新政府軍2万に対し、長岡藩を中心とする奥羽越列藩同盟はたったの5千。明らかに勝ち目はありません。でも継之助たちは決して諦めず、新政府軍を何度も苦しめました。そんな戦いの最中、継之助は銃弾を脚に受け、それからひと月たらずのうちに息を引き取ってしまいます。

戦力に2万対5千という大差があるのですから、誰が見ても勝敗は初めから明らかです。継之助を含む当時の武士たちは、それでも命をかけて戦いました。原作小説『峠』の作者司馬遼太郎は、そんな武士たちの生き様を次のように評しています。

人はどう行動すれば美しいか、ということを考えるのが江戸の武士道倫理であろう。人はどう思考し行動すれば公益のためになるかということを考えるのが江戸期の儒教である。

この二つが、幕末人をつくりだしている。

幕末期に完成した武士という人間像は、日本人がうみだした、多少奇形であるにしてもその結晶のみごとさにおいて、人間の芸術品とまで言えるように思える。

（『峠』あとがき）

私は鹿児島――薩摩生まれなので、継之助からすれば敵側の人間です。しかし彼を見ていると、どうしても西南の役で新政府軍6万対薩摩軍3万という劣勢の中、自分たちの一念を貫いて散っていった西郷隆盛のことが思い出されます。たとえ命をかけてでも自分の信念を守るというのが、当時の武士のありようだったのです。

日本人は昔から「美しく生きる」ということに非常にこだわってきた民族だと考えていますが、継之助や隆盛は間違いなくその代表の一人と言えるでしょう。

◆『半次郎』で描きたかった「先義後利」の精神

この二人と同時代人であり、隆盛の右腕として幕末維新の時期に活躍した武士の一人が、中村半次郎（桐野利秋）です。

半次郎は天保9年（1838年）に薩摩で生まれ、幕末期には隆盛直属の部隊長として、数々の戦場で武功を立てた人物です。義に厚く、情に脆いたちで、戊辰戦争の折、会津藩降伏後の開城に立ち会った半次郎は、城を明け渡すことになった会津藩士の無念を思い、さめざめと涙を流しています。会津藩九代藩主の松平容保は、彼の思いやりに感謝し、のちに宝刀を贈りました。

私は彼の生き様に「先義後利」の精神を感じ、それを個人主義が蔓延る現代の日本人に伝えたいと思い、『半次郎』という映画を企画・制作し、主演も務めました。2010年のことです。

先義後利とは、『孟子』や『荀子』など、当時の教養ある武士たちが読んでいたと思われる中国の古典に書かれている考え方で、道義を何よりも優先し、自分の利益は後回しにする考え方のことです。

半次郎はまさに先義後利の人でした。

戊辰戦争が薩摩藩、長州藩、土佐藩、肥後藩を中心とする新政府軍の勝利に終わった後、半次郎は陸軍少将や、熊本鎮台（当時の日本陸軍の部隊）の司令長官の他、陸軍裁判所所長などを歴任します。

しかし半次郎が陸軍裁判所所長に任命された明治6年（1873年）の10月、俗に言う征韓論争をきっかけに隆盛が鹿児島に戻ることになります。これを受け、元勲（明治維新の功労者）たちの腐敗ぶりに憤りを覚えていた半次郎も辞表を提出。隆盛の後を追う形で帰郷するのです。

鹿児島に戻ってからの半次郎は当地の開墾事業に注力します。隆盛が中心となって設立した私学校ができてからは、指導者としても農業に励みました。

その数年後、不平士族（新政府の政策に不満を持った元武士階級）の不満が爆発し、私学校の生徒を中心とした新政府へのクーデターが起こります。当初はこの動きに消極的だった隆盛ですが、新政府側に自身の暗殺計画があったことを知り、挙兵を決断。隆盛の動きを知った半次郎も戦線に参加します。明治10年（１８７７年）の2月、西南戦争の始まりです。

開戦当初は善戦したものの、ほどなくして戦況は悪化。開戦から7ヶ月ほど経った9月24日、戦闘中に被弾した隆盛は自決します。同日、隆盛の自決を見届けた半次郎は、味方たちと共に敵軍に突撃し、額を撃ち抜かれて戦場に散りました。

先ほどもお話したように、新政府軍と薩摩軍には戦力に倍の差がありました。そのことは半次郎にもわかっていたはずです。にもかかわらず、彼は隆盛への忠義を貫き、命が尽きるまで戦いました。

そもそも隆盛の後を追って鹿児島に帰らなければ――つまり義を捨てて利を取れば、新政府の役人として良い暮らしができたことでしょう。半次郎は徹頭徹尾、自らの利益を顧みることなく、ひたすらに義の道に生き、死んだ武士（もののふ）だったのです。

◆「刀」と「茶」に見る、日本人の精神性

ここで少し目先を変えて、「刀」と「茶」という切り口から日本人の精神性についてお話ししようと思います。

私は子どもの時分、薩摩藩を中心に伝承されてきた古流剣術・示現流ご宗家（当主）に「お前は刀を抜くことの意味がわかるか」と訊かれたことがありました。私が「よくわかりません」と言うと、「刀を抜くというのは、相手を殺すか、自分が死ぬかのどちらかを選ぶということなんだよ」と教えていただきました。

これは江戸時代から通じる考え方だったようです。例えば当時の鹿児島では、刀を抜いてしまったら、それがたとえ子ども同士の喧嘩であっても、親が責任をとり、どちらかが死ぬまで戦わなければならなかったと聞いたことがあります。

刀には様々な仕様が見られますが、その中に「薩摩拵え」と呼ばれるものがあります。特徴の一つは、鍔（つば）に空けられた二つの穴です。武士たちはここに紙縒（こより）や紐を通して使っていましたが、その理由には二つの説があります。

一つはこの穴に通した紐を手首に結んでおいて、戦っている最中に柄から手が離れて

も、刀を落とさないためというもの。もう一つは、鍔と鞘を少しの力でも切れてしまう紙縒を結びつけることで、むやみに刀を抜かないよう戒めていた、という説です。この紙縒が切れただけで刀を抜いたとみなされ、命の責任をとらされたという話も聞きます。

もちろん前者の理由も実用の面で納得ができますが、私は後者の理由も筋が通っていると考えています。なぜなら示現流が最も重視するのは「刀は抜くべからず」――真に武に秀でたものならば、戦わずにその場を収められる――という教えだからです。

抜いたら最後、どちらかが倒れるまで命のやりとりをせねばならぬ。ご宗家がおっしゃったように、当時の武士にとって刀を抜くということは、相当な覚悟を要する行為だったのです。

たとえドラマや映画における演技であっても「この刀を抜いたら、相手を殺すか、自分が死ぬかのどちらかだ」と覚悟して抜くのと、その覚悟なしに抜くのとでは、抜き方が全く変わってきますし、抜き方が変われば、軽い竹光（竹刀）であっても重い真剣のように表現できる、と私は考えています。

時代劇の現場で若い人と一緒になった時には、なるべく時間を見つけてこういう話をしますが、残念ながら近年は、殺陣師の先生も含めて心を語る人は本当に少なくなりました。しかし今お話ししたように、「刀を抜く」という所作一つにも日本人の精神性は根付いているのですから、なおざりにせず、しっかりと語り継いでいきたいものです。

また、私は日本文化の本質の一つを「場を整えること」と考えています。それがわかりやすく表れているのが茶の湯の世界です。

茶道には、千利休が精神や作法の心得などを歌にまとめたとされる「利休百首（利休道歌とも呼ばれます）」というものがあります。百首ある歌の中でも、例えば次の三つではまさに「場」を大切にする心が詠まれています。

姥口は囲炉裏ぶちより六七分 低くするゑるぞ 習ひなりける
置合せ心をつけて見るぞかし 袋は縫目畳目に置け
はこびだて水指おくは横畳 二つ割にてまんなかに置け

一つ目は、お湯が入っている釜に対して、柄杓（ひしゃく）をどのように置くべきか、ということを説明した歌です。何も知らなければ「どこに置いても大差ないだろう」と思うかもしれませんが、利休は「囲炉裏ぶちより六七分（＝約２ｃｍ）低く置くべし」と細かく指定しています。

二つ目の歌では、前半部分は「道具の位置には細心の注意を払って見るように」と言っており、後半部分では、お茶の道具類を入れる袋（仕覆、しふく）は、縫い目を畳の目に合わせて置くべきであるとしています。

水指（みずさし）の置く場所を指定しているのが三つ目の歌です。はこびだてとは、棚を使わず、畳の上に何もない状態で、道具を運び出して行う点前のこと。この歌では、はこびだての場合、水指を置く場所は畳の横幅を二分割した真ん中に置くよう指定されています。

このように、利休百首を読むだけでも、日本に根付く「場を整える美学」がいかに大切にされてきたか、わかるのではないでしょうか。

昔の時代劇には、この美学が残っていました。小道具さんがなんとはなしにお箸やお猪口を置くだけであっという間に場が整い、気持ちよく演技に入れたものです。しかし近年の時代劇ではそうした作法が少しずつ廃れてしまい、なんだかすわりの悪いまま演じなければならないこともしばしばあります。

私はこうした、日本が古来より培ってきた場を整える美学を後世に伝え残していきたいと考えています。

◆「本物の時代劇」を残すために

文化の語り部たる本物の時代劇を残していくため、私は2017年に時代文化みらい機構という一般社団法人を設立しました。時代文化みらい機構では「時代劇再生運動」を提唱しており、

・本物志向の時代劇制作へ向けての活動。
・日本人としての精神性向上の為の教育。
・地方創生及び地域活性化の為の時代村建設。
・伝統工芸、伝統芸能の活性化と次世代への継承問題の取り組み。
・多岐にわたる本物の日本文化を映像化、作品化する活動を通じた日本人のアイデンティ

ティーの形成。
・これらの事業を通じての世界平和への貢献。
を事業内容として、少しずつではありますが、私の想いや構想を伝えてきました。


その代表的な構想の一つに時代村建設があります。

美味しい日本酒を造る酒蔵には、その味を生み出す菌が棲みついていると言われます。この酒蔵の菌のように、京都には素晴らしい時代劇を生み出す「時代劇菌」とでも言えるものが棲みついているのではないかと、私は感じています。

数々の映画やテレビドラマ・テレビ時代劇が撮影されてきた東映太秦映画村はもちろんですが、京都はそれ以外の場所にも百年前、二百年前の風景がそのまま残っています。そこら中が一級品のロケ現場になり得るのです。

例えば京都市の北西部で、桂川の源流域にあたる京北という地域があります。私はよくこの地域にスケッチブックを抱えて散歩をしに行くのですが、歩いていると、少し手を加えるだけで時代劇を撮れるような場所がそこかしこに見つかります。

その時にふと思いついたのが、時代村の建設でした。単なるテーマパークではなくて、一つの町をまるごと日本文化を継承する場所にするという構想です。

まずは町並みをすっかり時代劇が撮れるように変えてしまいます。と言っても京北なら、ガードレールをなくして、アスファルトの道路は土道に変え、電柱は地中に埋めるくらいで十分です。

次に工房や芝居小屋を作って、伝統工芸や伝統芸能に携わる方たちに住んでもらいます。他には四書五経を学ぶ場所、武芸を学ぶ場所、馬術、水練、弓道を学ぶ場所などを設けて、訪れた人たちに日本文化を体験してもらえるような仕組みも作ります。そうやって、このままでは途絶えかねない技術や文化を、地域ぐるみで伝承していく村を建設するのです。

時代文化みらい機構を立ち上げてから、京都市などに働きかけていく中で、実際に私の考えにご賛同いただき、名乗りをあげてくださる地域などもいくつかありましたが、やはり非常にお金のかかる構想でもあるので、まだまだ具体的なところまではたどり着けておらず、夢物語的な段階です。

しかし私は、コロナ禍が落ち着いて海外の人がまた京都に戻ってきてくれれば、チャンスはあると考えています。なぜなら日本人よりも海外の人の方が、日本の古い文化に興味を持っていることが少なくないからです。世界に向けて情報を発信できれば、海外の人から日本の文化の素晴らしさにスポットライトを当ててもらうことができるかもしれません。

冒頭で申し上げた通り、時代劇が苦境に立たされていることは間違いありません。しかし時代劇作品は日々生み出されていますし、日本人の精神性や技術、文化の担い手も少しずつではあるものの、増えてきているように感じます。本物の時代劇を次世代につなげられる可能性は、まだ十分残っているのです。

だから私はこれからも、本物の時代劇を知る役者として、自分にできることを一つずつ積み重ねていきたいと思います。

村上信夫の後説

ボクは、幼い頃から時代劇が好きだった。

「水戸黄門」「大岡越前」は、欠かさず見ていた。黄門様の印籠の力、お白洲での名裁き、勧善懲悪は胸がすく。

「大河ドラマ」も、ほぼ欠かさず見てきた。

時代劇は、日本人が大切にしてきたしきたり、立ち居振る舞い、主従関係、師弟関係、憐憫の情…、日本文化を教えてくれる。

榎木孝明さんは、幼い頃は、独りで絵を描くのが好きなおとなしい子どもだったという。しかし、そんな息子の軟弱さを許さない父親から厳しく鍛えられた。

その一環として薩摩藩を中心に伝わった古流剣術・示現流の指南を受け、腕を磨いた。流派の教えは芸能界に入ってからも生きており、「どんな仕事でも決して手抜きはしない。言い訳はしない。たとえ自分が悪くなくても全て自分が引き受けよう。たとえ損をしても後からくる得が大きい」という心構えで仕事に臨むという。

観客の中に、榎木孝明さんこそ「美しい日本人」と評する人がいた。

「心の在り方、生き方、すべてにおいて、剣のように切れ味鋭くまっすぐでありながら、穏やかな雰囲気も合わせもつ。濁りない波動をいつも感じる」という。傍らで対談していて、ボクもそれを感じていた。

参加者の感想を紹介することで、この日の次世代継承塾の空気感が伝わるかと思う。

●榎木さんは、カリスマ性がすごくて、指先、作法、表情、すべて美しかった。

●自分自身をコントロールして、常識を覆す価値観を改革していく中で、新たなる気づきをいただけた。

●新しい常識を作っていくことは、今後の世の中のキーワードになると思った。

●今の時代、複雑になり過ぎているが、本当に本当に大切なことはシンプルなことだと思った。

●「先義後利」という言葉が印象に残った。

●「心を整える」「場を整える」ことの大切さを再認識した。

●京都には「時代劇菌」がいっぱいいと聞いて納得。

●昔と今では死生観が違う。自分の存在をどう残すのか責任ある姿を先人には感じる。

●「有難う」「バカヤロウ」の言葉でラグビーのスクラムの強弱に差が出る話を聴いて改めて言葉の力のすごさに驚いた。

●伝統を受け継がねばならない世代として、考えさせられるお話しばかりだった。日本人の精神性は世界に必要なものだと感じた。経済的政治的に弱体化している日本を見ていると劣等感を抱いていたが、精神性で自信を持つべきだと感じた。誇れる精神を磨くため意識を強く持ちたい。（大学4年生女子）

日本人の精神性が西洋思想や生活の利便性と引き換えに失われてきたことを、榎木さんは憂える。だが、逆に考えれば、いまは千載一遇の機会なのかもしれない。分断された意識を改め、地球人意識に目覚める機会なのだ。

情緒、優しさ、寛容、自然を愛する心、慈悲…それらを取り戻そう。日本の精神文化が世界を変え世界を救う。歴史は、一人一人の想念、意識から始まる。意識変化の先には地球平和が待っている。

「日本人の精神性を世界の模範として示すことが、地球を救うことにも繋がる」と言う榎木さんに激しく同感する。

第五回　「論語は心を整える」

〜論語塾主宰　安岡定子

村上信夫の前説

孔子やその高弟たちの言葉、ふるまいを著した『論語』は日本人の暮らしに今も深く根付いている古き良き知恵の一つです。

今回お話をいただくのは、そんな『論語』の素晴らしさを広く教える論語塾を開催している講師、安岡定子さん。

祖父の安岡正篤さんは日本を代表する思想家と言われており、太平洋戦争終戦の詔勅（いわゆる玉音放送）作成に関わったと言われています。

そんな祖父の薫陶を受けた安岡定子さんは漢文の研究で定評のある二松学舎大学文学部を卒業。幼い子から学べる「こども論語塾」を全国各地で開くなど、精力的に論語の普及に努めておられます。

そんな安岡定子さんが『論語』を通じて継承していきたいと考えているのはどんな知恵や考えなのか、お話しいただきます。

安岡定子かく語りき

◆終戦の詔勅を删修（さんしゅう）　思想・哲学で天下国家を支えた祖父

「大人の寺子屋」のテーマは継承ということですので、私がもっとも大きな影響を受けた父方の祖父、安岡正篤について、最初に少しお話ししたいと思います。

子どものころは「おじいさまは何をしている人？」と問われてしばしば困った覚えがあります。学者でも小説家でもないのに、家にいる時は書斎にこもっている人。出かけるとなかなか帰ってこない人。そんな職業をどう呼べばよいのか、適切な言葉が見つかりませんでした。

今にして思えば、思想家というのがしっくりきます。

安岡正篤と言うと、世間では終戦の詔勅を删修（さんしゅう）した人物として知られているようです。いわゆる玉音放送の原稿を作成した際、祖父は他の方が書いた草案に手を入れる役割を担ったそうです。

あと、「平成」という年号を考案したのも祖父だと言われています。昭和天皇陛下よりも祖父の方が先にみまかっているので、本来はあり得ない話ではありますが、何人かの学者に年号の案を出すよう依頼があったようです。

表に出ないはずの内幕が世に出てしまったのは、ポロッと話してしまった政治家の方がいたためと聞いています。


このように、国事に関わってきた思想家だと紹介すると、世間一般からは「厳めしく恐い人では？」と思われがちですが、いたって穏やかなおじいちゃまでした。

強く記憶に残っているのは他人の悪口を言わない人だったということでしょうか。

自身はとても丁寧な生き方を心がけていましたが、家族にはおおらかで、私たち孫にあれをしろ、これをしろ、と言うことはほとんどありませんでした。

安岡家では親子三代が同居していました。私は自身が生まれてから祖父が亡くなるまでの20数年間、一緒に暮らしましたが、勉強しなさいと言われたこともなければ、『論語』の話を聞いたこともありませんでした。

学校の成績にも祖父は無頓着で、進学に際しても何かを言われた記憶がありません。

ただ、一度だけ、「漢文が好きだから大学でも学びたい」と私が言った時だけ、「二松学舎にしなさい」と促されたのを覚えています。

「日本で一番いい先生がそろっているので、他は考えられない」というのが祖父の言葉でした。世間知らずだった私は、その言葉の通り二松学舎に進みましたが、基礎をまったく勉強していなかったので、最初はずいぶん苦労しました。

門前の小僧ではなく、なにも知らない小僧だったので、入試の成績を見た先生方は頭を抱えたと思います。そんな私が無事に卒業できたのは、ゼミの先生が上級生との勉強会に私を招いてくださるなど、お手間をかけてくださったおかげです。実はそれも祖父の計らいだった、と後で知りました。私には内緒で祖父はその先生にお電話していたのです。

「天下国家のことでは動じませんが、孫のことは別でございます」

祖父にそう言われ、大きなプレッシャーを抱えることになった、と先生から聞いたのは、卒業のご挨拶にうかがった折でした。祖父はもちろん、その時まで秘密にしてくれた先生にも大変感謝しております。

◆名前は子どもに贈る最初で最高のプレゼント

祖父からはさまざまなものをもらいましたが、中でもいちばんのプレゼントだと思っているのが「定子」という名前です。

四書五経（儒教の経典として特に重要とされる書物の総称）の一つである『礼記』には「昏定晨省（こんていしんせい）」という言葉が教えの一つとして記されています。「昏定」は夜には両親の寝床の用意をすること、「晨省」は朝に両親のご機嫌をうかがうこと。すなわち、孝行とは親が快適に過ごせるよう心を配ること、という教えです。

私の名前はこの言葉に由来します。

私だけでなく、孫は、みな祖父が名付け親です。全員、古典に由来する名前で、どこからとったかはもちろん、干支やどういう星の下で生まれたのか、という易学的な解説を祖父は残してくれました。ですから孫はみな、自分の出生について、とても詳しく知っています。

それはとても幸せなことだと思っています。

祖父は常々、名前というのは人生に哲学を与えるもので、必然でなければならないと語っていました。親が子どもに贈る最初で最高のプレゼントであり、その子にとっては人生の目標や指標になるのが名前なのです。

ですから、思いつきでいい加減につけるのはもってのほか。子供が長じた後、「なぜこの名前なの？」と尋ねてきたら、きちんと説明できるような哲学がなければいけない、というのが祖父の言葉でした。

私の名前についても、そこに込めた思いを祖父は書き残してくれました。「きっとこんな風になるだろう」という考えが記されていますが、私は普段なるべくその文言を忘れるようにしています。「とても無理です、おじいちゃま！」と言いたくなることが書いてあるので。

ついつい思い出してしまった時には、祖父が言いたかったのは「その理想に近づけるよう努力し続けなさい」ということだった、と解釈しています。

◆いつの時代も多くの人にピタッとはまる論語の不思議

各地で講座を開いていると、「論語の魅力は何ですか」と尋ねられることがあります。

もちろん、語り尽くせないほどたくさんあるのですが、あえて一つ選ぶとしたら、高い普遍性でしょうか。

『論語』は孔子とその高弟たちの言葉や行いをまとめた書籍です。編纂されたのは2500年以上前と言いますから、日本だと縄文時代から弥生時代へと移り変わるころの話です。以来、時を経て人の暮らし方や考え方、政治のあり方などは大きく変わってきました。その中で変わらず、『論語』は読み継がれてきたんです。

なぜ、『論語』は2500年もの間、読み継がれてきたのでしょう?

普遍性こそその問いに対する答えだ、と私は思っています。いつの時代、どの地域においても、そして誰の人生においてもピタッと当てはまる原理原則が『論語』にはあります。

逆に、ある時代にはよかったけど、別の時代にはまったく当てはまらないものや、ある人にはしっくりくるけど、別の人は違和感しか抱かないものは忘れ去られてしまいます。もちろん、人はそれぞれ生まれや育ち、考え方などが違うので、全員が同じ言葉を好きというわけではありません。

でも、『論語』には500もの言葉が載っています。探せば必ずと言っていいほど、腑に落ちる言葉に出合えます。

さらに言うと、腑に落ちる言葉――好きな言葉は同じ人の中でも変わっていきます。その人の置かれた環境や状況が変われば、その時に合う言葉は違うものになるんです。個々人の生き方に寄り添ってくれるのが『論語』だと私は思っています。

私が教えている子どもたちに聞くと、男の子はよく「剛毅朴訥仁に近し」という言葉が好きだと言います。いかにも力強い言葉だからでしょう。「剣道の試合前に唱える」という子もいました。

私自身は「徳孤ならず、必ず隣あり」という言葉が好きです。徳のある人は正しい行いをしようと努めるため、時には人付き合いが悪いと思われることもあります。でも一貫した誠実な行いを見ていて、寄り添ってくれる人は必ず現れる、というような意味の言葉。有隣堂という書店のお名前はここからとったものだそうです。

こんな風に、長い年月にわたって多くの人が読み、今も愛読する人がたくさんいるのが『論語』です。それなら自分も一度読んでみよう、触れてみよう、と思ってもらえたら嬉しいですね。

『論語』には他にも多くの言葉が書かれています。その中でも軸をなすのが「仁」です。普遍的でありながら、とても難しい考えなので、一言ではなかなか説明できません。優しい気持ちや思いやりなどと言い換えてみても、漠然としすぎていて日常生活の中でどう発揮すべきものなのか、判断に困ります。

悩む私にある先生が教えてくれたのは「ラージ仁（大きな仁）」の中に無数の「スモール仁（小さな仁）」が存在する、という考え方でした。

美徳の集合体である「ラージ仁」は親孝行の「孝」や信頼の「信」、義理人情の「義」などたくさんの「スモール仁」で構成されているわけです。

孔子は性善説の人なので、人は多くのよい資質を持って生まれてくる、と語っています。ただし、磨かなければすぐに曇ってしまうので、学び続けることが大事。この考えこそ、いつの時代、どんな人にも当てはまるものと言えます。

◆できなくてもいい　わからなくてもいい

もちろん、「ラージ仁」の実現は簡単ではありません。できないことの方が断然多いでしょう。でも、だからこそ永遠の命題として今なお残っているのです。

孔子の素晴らしいところは決して理想を下げない頑固さにあります。世界中に名前を知られた思想家ですが、彼の人生は順風満帆ではありませんでした。仕官して大臣にまで出世したものの、うまく世渡りできず、放浪の旅に出たこともありました。73歳まで生きたと言われており、２５００年前の当時としてはずいぶんな長生きでした。山あり谷ありの長い歳月を過ごしたからこそ、含蓄の深い言葉をたくさん残せたのでしょう。

よく、「『論語』は経営者や政治家が読むべき帝王学の本であって、一般人である私たちには関係ない」と言う人がいます。でも、そんなことはありません。孔子自身は単純な成功者ではなく、先ほど触れたように苦労多き人でした。でも、苦悩の中でも、弟子には自身が理想とするふるまいを見せなければなりません。悩みを抱えながら弟子や為政者と関わる中で、孔子の言葉は生まれました。ですから、「政治家や官僚になるためにはこうしましょう」などという話を孔子はしていません。

孔子が語っているのは「人としてどうあるべきか」という理想です。その理想を貫けるなら、官僚になっても政治家になっても大丈夫。世の中をしっかり導いていけるはず。『論語』では、ものごとはその順序で示されています。

祖父の教えも同じでした。

私には多くを語りませんでしたが、「苦労したものは一生もの」という言葉は覚えています。

たとえば、宿題についてはちゃんとできるよう頑張らなければいけないけど、どうしても理解できないことがあったり、とんでもなく時間がかかってしまってやりきれなかったり、という結果を否定する必要はない、と教わりました。

わからないことは恥ずかしいことではありません。わからないことが出てくるのは知ろうとするからです。恥ずかしいのはそれを放置してしまうことなのです。

今はネットで何でも調べられるので、学校の課題に取り組む際、コピペをする学生がたくさんいます。でも、それでは意味がありません。どこかで拾った答えを貼り付けるだけの勉強など、むしろしない方がいい、と私の恩師も語っていました。

大切なのは学び方であり、それを教わることなのです。

祖父が私に教えてくれたことの一つに漢和辞典の引き方があります。漢文を学ぶ生徒の多くは諸橋轍次先生が著した『大漢和辞典』のお世話になります。全12巻もあり、載っていない文字はない、というくらいすごい辞典です。

漢字の「一」という字について何十ページも費やされているほどで、あまりにページ数が多いので、引きたい文字にたどり着くのは簡単ではありません。

それを祖父は見事な手際で引きました。

わからない字があって読めない、と私が言うと、祖父は『大漢和辞典』の書棚に向かい、一冊をスッと取り出します。そうしてページを広げて「ここに載っておる」と言うんです。

部首名もわからず、とんでもなく画数が多い漢字です。私にとっては索引で探すだけでも大変なので、どうやったらそんな手際で引けるのか、ただただ驚くばかりでした。

ところが、祖父は開いたページをすぐに閉じてしまいます。

「自分で探してみなさい」と言われた意味が今はよくわかります。

祖父が開いてくれたページを読むだけなら、内容をすぐに忘れてしまったでしょう。

祖父のおかげで、12巻あるどの本に載っているのかはわかっていますが、それでも分厚い辞書の中から目当ての文字を探すの大変で、ずいぶん時間がかかりました。私が文字を探して四苦八苦する間、祖父はずっと横にいてくれました。

そうして、文字を見つけられるようになったら「できるようになったな」と言って一緒に書棚を後にしました。

祖父が私にしてくれたことの根本に何があるのか、本当にわかったのは、小さなお子さんたちと一緒に『論語』を読むようになってからでした。

何かができた瞬間の達成感や満足感を祖父は孫に味わわせてくれたんです。幼い人でも、達成感を積み重ねることで、人が持つ意欲は大きくなっていきます。

何かを続ける中では必ず挫折があります。でも、子どものころに達成感を味わった人はその快感を得たいという強い欲により挫折を乗り越えられます。頑張ってできた体感があると、身体が欲を出してくれます。

祖父はよく、大きな木は根っこがそれだけ張っているものだが、土の中にあって見えないからみんなおろそかにしてしまう、と言っていました。

人は「花を咲かせたい」「大きな木になりたい」とか言いますが、そのためにはしっかりとした根を張ることが大切です。見えている部分、本当に大切ではない部分を「枝葉末節」というのはそういうことなんです。

◆言葉のリレーで「生かす学問」を次の世代に

多くのものを祖父から受け継いだ私は今、それを次の世代に伝える活動をしています。品物は誰かにあげると私の手元からなくなってしまいますし、壊れてしまうこともあります。でも、言葉や生き方は人にプレゼントしても私の中からはなくならないので、永遠にリレーできます。

ただ、だからといって「これは素晴らしい言葉だから、大事な考えだからしっかり覚えましょう」などと、ことさらに言う必要はありません。

祖父は私ができるようになるまで、なにも言わずに寄り添ってくれました。それと同じように、焦らずじっと待てば、子どもたちは、ある時必ず、私たちが伝えようとしているることを理解してくれます。

先ほどもお話しした通り、何かを学ぶ上でいちばん大切なのは基本になる「根っこ」です。学問で言うなら、中学までの義務教育には生きていくのに必要な知識や考え方が全部網羅されています。ですから、丁寧に勉強すれば、しっかり根っこを張ることができます。

根っこは八方にしっかり伸びねば、木を支えられません。それと同じで、嫌いな科目や苦手な科目もこの時期はサボらず頑張ってほしいですね。

中学校のレベルで単一科目の成績がどれほど素晴らしくても、社会に出た時にはそれだけではその得意科目すら活かすことができません。バランスが大事になります。いろいろな科目が横につながり、生きる力になります。これが本当の意味の学ぶということだと思います。

たとえば、七夕には五色の短冊を笹につけて飾ります。

それを見たら「なぜ、五色なのだろう?」と子供たちには考えてみてほしいのです。「そういえば、鯉のぼりにつける吹き流しも五色だ」とか、他のものとつなげられたら、発想はどんどん広がっていきます。

もともとは東洋哲学の陰陽五行説――地球上のものは木火土金水という5つの元素でできている、という考えに由来するのですが、数字に着目するのもありです。桃の節句は三月三日、五月五日は端午の節句、さらに九月九日は重陽の節句というように、奇数月が大事にされることに気づけるかもしれません。

大人が「待つ」ことで、子どもたちのふるまいも変わります。私の論語塾には小学校に入る前の子どもたちもやってきます。じっと座っているのが難しい年頃なので、ウロウロと立ち歩く子どももいますが、私は「座りなさい」とは言いません。その場でどうふるまうべきか、自分で気づいてほしいからです。でも、不思議なことにそんな子どもたちも1年もすれば必ずきちんと座って話を聞けるようになります。ある年齢になれば、座って静かにできないことは恥ずかしい、と気づくのです。

上の年代の子たちが小さな子たちに教えるから、というのもあります。講師である私がなにも注意しなくても、論語塾ではそんな素晴らしい循環が起きています。

それこそ、知識だけではない「生かす学問」…祖父が言っていた「活学」に繋がることだと思います。

さまざまなことをお話ししてきましたが、祖父から贈られた言葉を最後に一つお伝えします。

「自分の心が帰る場所を作りなさい」

祖父自身は幼少期に東洋思想を学んだ後、論理的な解釈を重視する西洋思想を学びました。その後、再度、東洋思想に触れた際、やはり自分には東洋思想が馴染む、と感じたようです。

戦争を体験し、公職追放を受けたりとさまざまなことがあった人生の中で、『論語』に代表される東洋思想こそ、祖父にとっては心が帰る場所――それを基に考えれば、絶対に大丈夫、と思えるものだったのでしょう。

みなさんもぜひ、そういうものを探してみてください。そうして、お子さんやお孫さんたちにも「心が帰る場所」の大切さを伝えていただけたら、それにまさる喜びはありません。

村上信夫の後説

安岡さんは、4月の開講から参加者として皆勤賞。熱心な塾生でもある。そして文京区とのご縁も深い。自宅もあり、湯島聖堂や伝通院で論語塾も開いている。このたびは、お互い浴衣姿でのぞんだ。

安岡さんが、祖父の正篤さんから、どんなことを継承したのか、2500年前の孔子の教えから、何を継承しようとしているのか、ざっくばらんに伺った。この日の話を総括すると「自分を律する」ということに尽きるかと思う。

論語に「克己復礼」という言葉が出てくる。私情に打ち勝ち、社会の規範に叶った行いをすることが大事という意味だ。

祖父は、「わからないことはそのままにせず、自分で調べなさい」と教えてくれた。自分で調べたことは身になる。わからないことがあったら、どうすれば答えを導き出せるかを考えるのが本当の学問だ。それが「活学」といえる。

知識を見識とし胆識とせねばならない。
知識があるだけでは、ただの物知りに過ぎない。
知識を深め、的確な判断力を持てるのが「見識」だ。
そして、私心を捨てた広い視野で行動出来るのが「胆識」。
これら、すべて自分で自分を磨きながら身につけていくしかない。
そうして、学びを「自分の心の帰る場所」としていくのだ。
論語を素読して声に出していると、心が整うような感覚になる。
一つ一つのことばに込められた「想い」があるからだろう。

祖父の正篤さんは、夕食が終わると「こうしちゃ　おれん！」と言いながら、
書斎に戻り、書を読み、文を書き、物思いに耽っていた。
常に「学び続けた人」だった。
我々も、「こうしちゃ　おれん！」のだ。

第六回

「感情は将棋で学べる」

〜将棋棋士　高橋和

村上信夫の前説

ぼくは大の将棋好き。10歳くらいから駒を握っていた覚えがあるので、かれこれ60年にわたって親しんできました。

人生を彩り、今のぼくを形作ってくれた趣味、と言っても過言ではありません。

そんな将棋ファンにとって、本日のゲスト、女流棋士の高橋和さんはまさに憧れの存在。

彼女が二十歳のころからもう四半世紀のお付き合いですが、今も変わらずぼくにとっては素適なアイドルです。

プロ棋士として10年ほど活躍した後、あっさりと引退。現在は将棋教室を主宰し、子どもたちの育成や将棋の普及に取り組んでいます。

諦めることを知らない。

白黒ハッキリものを言う。

勝負師として生きてきた彼女が日本に古くからある将棋を通じて、次世代にどんなことを伝えていきたいのか教えてほしいです。

高橋和かく語りき

◆子どもに教えられた「グレー」　諦めることなどなにもない

村上さんとは本当に25年以上のお付き合いになります。変わっていない、と村上さんはお世辞を言ってくださいますが、やはり歳月というのは人を変えるものです。

ご紹介にもあった通り、私はプロ棋士として活動した後、将棋の普及活動をしています。村上さんとお知り合いになったのは女流初段になった少し後のことです。

当時の私は世の中には白と黒しかない、と思い込んでいました。後でもう少し詳しくお話ししますが、将棋には勝ちと負けしかありません。ある意味、とても潔い世界なのです。若いころの私はその価値観を世の中すべてに当てはめていました。

それから幾星霜。今は世の中に白と黒はほんのわずかしかなく、あとはみんなグレーなのだ、と理解するようになりました。

私にグレーの存在を教えてくれたのは息子でした。子どもを育てるようになって初めて、人の世は二分できるものではなく、絶妙なさじかげんを感じるべきものだ、と知りました。

本日はそんな私の経験を踏まえ、将棋のことや将棋を通じて学んだ事柄をお話ししたいと思います。


村上さんのご紹介ではもう一つ、「諦めない」というのがありました。これは今でも、変わっていないと思います。

人生に諦めることなどなにもない、というのが私の考えです。

将棋は自分もしくは相手が負けを認めるまで続きます。逆に言えば、不利な状況でも諦めなければチャンスは必ず残っています。

楽な方に行くことを諦めだと思う方もいらっしゃるようですが、それは歩む方向を変えるだけなので、諦めることにはならないと思います。人としてそこに在る限り、やるべきこと、できることをやる。そんな生き方に名前をつけるとしたら「諦めない生き方」

となるのかもしれません。

◆女流棋士は「アイドル」から対等の棋士へ

私の名前は「和」という漢字一文字で「やまと」と読みます。

由来を両親に尋ねてみたところ、父の初恋の相手が「やまと」という名前だったと聞きました。夫婦の間で一悶着起きそうな名付け方ですが、母も「いい名前」とすんなり受け入れたのだそうです。

名前のせいというわけではありませんが、子どものころから男っぽい性格でした。村上さんにも「男前」と言われます。


将棋はやはり勝負事なので、男性っぽい性格の方が向いている気がします。

私が現役のころはそれでもアイドル的な女性らしさを求められることもありましたし、公然と「女性には不向き」などと言われることも少なくありませんでした。

昭和を代表する棋士の一人だった升田幸三さんは「女性は貯蓄型だから将棋に適していない」と言いました。相手からとった駒を自分の駒として使えるのが将棋の特徴ですが、女性はなかなかそれを使いたがらない、と言うのです。

最近ではそんな将棋界も大きく変わりつつあります。

私が現役のころは男女には大きな力の差がありましたが、今、女流棋士として活躍している里見香奈さんは男性の棋士とも互角に指します。

実際、里見さんは実力が認められて、２０２２年には男性と同じ「棋士」になるための編入試験を受けています。

この試験はアマチュアの強豪がプロの棋士になるためのもので、若手棋士5人と対戦して3勝すれば合格できます。

初の女性挑戦者となった里見さんは惜しくも不合格でしたが、そもそも受験するためには一定以上の成績を収める必要があります。

そういった強い女流棋士が育ってきているので、近いうちに男性と同じ世界で「棋士」として活躍する女性が登場するのは間違いありません。

ちなみに、里見香奈さんとは彼女が10歳のころからご縁があり、よく知っています。

初めて出会ったのは島根県で開かれた将棋イベントのレセプションパーティーでした。里見さんは『出雲のイナズマ』というニックネームで知られている通り、島根県の出身。当時はまだ小学4年生でしたが、パーティーに参加した彼女は「どうやったら強くなれますか？」と各テーブルを尋ねて回っていました。

私の前にもトコトコとやってきて、同じことを質問したので「詰め将棋を毎日3問ずつ解きなさい」と教えました。

詰め将棋というのはいわば将棋のパズルのようなものです。まだインターネットもない時代です。今ならパソコンを使ってさまざまな情報にアクセスできますし、強い人やＡＩとも対戦できますが、当時は地方に住んでいることは大きなハンデでした。

私が詰め将棋を勧めたのは、そんな地方でもできる勉強法だったからです。ただ、内心では小学4年生がずっと続けるのは難しいだろう、と思っていました。子どもの関心はあちこちに移るのが普通です。地味なパズルをコツコツ続けるのは簡単ではありません。

でも、「できる？」と尋ねると、「やる！」と言うので指切りげんまんしました。

彼女から鉛筆書きの葉書が届いたのはその半年後でした。「毎日10問解いていたら、大会で優勝しました」と書いてありました。

さらに半年後には「毎日詰め将棋を解いてます。倉敷の大会で優勝しました」というお葉書。

そんな地道な積み重ねで彼女はみるみる強くなっていきました。

今でも、「高橋先生のおかげ」と言ってくれますが、それはたぶん違います。きっかけは与えたかもしれません。でも、続けたのは本人です。

女流棋士の誰もが実現できなかった「男性棋士と肩を並べる」という夢に指をかけられたのは彼女の努力あってのことです。

◆インド生まれ　日本で独自の進化を遂げた将棋

将棋のことはよくわからない、という方もいらっしゃると思うので、ここであらましを少し紹介します。

将棋は縦横9マス、合計81マスの盤上で駒を取り合うゲームです。最終的に「玉（もしくは王）」の駒をとった方が勝ち。

チェスなど世界各国に似たようなゲームがありますが、みなインドで生まれたチャトランガというボードゲームが原型とされています。

紀元前２０００年ごろ（諸説あり）、戦争好きの王様を諌める目的で、お后様が考案したのだとか。

その後、シルクロードをわたって伝わり、ヨーロッパではチェスになりました。アジアでも各国に広まり、中国ではシャンチー、韓国ではチャンギ、タイではマークルック、モンゴルではシャタルといろいろな形に派生して現在にいたります。

そんな中、面白いことに、日本の将棋には他の国のものとは異なる特徴があります。駒の色がすべて同じなのです。

チェスが白と黒の駒を使い分けるように、他の国の将棋は敵味方で駒の色が異なります。一方、日本では将棋の駒は同じ色をしており、五角形の駒がどちらを向いているかで、敵と味方を判別します。

これはとった駒を自分のものとして使うルールがあるためです。

相手からとった駒を自分のものとして使う際、色が違うと混乱してしまいます。そのため、日本の将棋では五角形の先端が向いている方向で、どちらの駒か見分けているのです。

チャトランガ発祥のエピソードでもわかる通り、将棋はもともと戦争を模したゲームです。海外の将棋ではとられた駒が二度と盤上に戻れないのに対し、日本では何度でも活躍するチャンスが与えられます。

敵方の人材をむやみに殺生せず、味方として登用する、というのは日本人の国民性にも通じるようで、面白い特徴だと思います。

そんな将棋の歴史は日本でも古く、平安時代にはすでに楽しまれていました。もちろん。時代とともに少しずつ変化しており、たとえば江戸時代まで「王」という駒はありませんでした。

「金」「銀」といった名前でもわかる通り、将棋の駒は宝物を意味します。ですから一番大事な駒は「玉」であり、昔は双方が同じく「玉」を取り合うゲームでした。

片方が「王」になったのは、江戸時代に入り、将軍様が将棋を指すようになったためだそうです。位が低いはずの対戦相手と同じ駒を持つのは不都合、ということで「玉」

から点をとった「王将」を作ったと言われています。

今では位が上の人や年長者が「王」を使いますが、実は「玉」の方が歴史が古いのです。

将棋好きの方でも、そういった歴史はあまりご存じないかもしれませんが、古くから多くの人に親しまれてきただけに、日本では文化の一部になっている面もあります。

よく、短期間でお金持ちになった人を「成金」などと言います。将棋の駒は敵陣深くに入ると、裏返って「金」と同じ動きをするようになります。この「金」になった駒を「成金」と呼ぶのになぞらえて、急に経済的に豊かになった人をそんな風に呼ぶのです。

他にも「王手」や「詰み」「高飛車」など、日常的に使われている将棋の用語は少なくありません。

◆藤井聡太さんで注目！ 20年ごとにスターが登場

私は今、子どもたちに将棋を教える教室を開いています。

なぜ、プレイヤーからレッスンプロになったのか、時々尋ねられますが、もっとも大きな理由は「楽しいから」というものです。

プレイヤープロになった当初は自分で将棋を指すのも楽しかったのですが、プロは勝利を求められます。どんなに一生懸命勉強しても結果が出なければ「なにもしていないのでは」と言われてしまうのです。

思うように勝てなくなると、悩みばかりが深くなり、将棋を楽しめなくなってしまいました。

そんな風に苦しむ中、ある時、知人に頼まれて子どもたちに教えてみたところ、これがとても楽しかったのです。ナンバーワンになるのではなく、オンリーワンの先生を目指そう、と舵が振れたのはその時でした。

以来、教室を開いていますが、最近では、やって来る人たちの層がずいぶん変わってきました。

以前はある程度将棋を指したことのある子どもが「もっと強くなりたい」という理由で教室の門を叩くのが一般的でした。

ところが今は習い事の一つとして、将棋をまったく知らない子どもたちを親が連れてくるケースが多いのです。将棋をさせると子どもの頭がよくなる、と考える方もいるようです。

女性の入塾希望も増えています。子どもたちのお母さん世代を中心とした初心者教室をやっているのですが、そこにはママたちより一世代上のマダム世代もやってきます。

こういった動きの背景にはなんと言っても、藤井聡太さんの活躍があります。

２０１６年に史上最年少で四段に昇格し、その後も大活躍。２０２３年6月時点では七冠を有する最強棋士となっています。

その活躍がメディアでも広く報じられたので、今まで将棋に関心がなかった人も興味を持ってくれるようになりました。

同じく将棋を指していた人間の目から見ても、彼の力量は素晴らしいと思います。まさに新しい世代。

普段からパソコンを相手に将棋を指して腕を磨くのはもちろん、彼ら若い棋士は対局から帰ってくるとすぐ、その日の棋譜をパソコンに打ち込むのだそうです。

そうして、自身や相手の指し手をソフトに評価させ、どこがまずかったのか、どこがよかったのか、復習をすると言います。

今までいなかった世代――パソコンなどのITデバイスを使いこなして強くなる棋士がこれからは主流になるでしょう。

ただ、将棋界にそういった新しい風が吹くのは初めてのことではありません。「20年に一度、天才的な棋士が現れる」と言われており、藤井聡太さんの前は羽生善治さん、その20年前には谷川浩司さんが登場しています。

私自身は「次の藤井聡太を育てたい」などと考えていませんが、どこかの将棋教室では次世代を担う子どもが、もう将棋を指しているはずです。

◆「負けました」で一礼　経験が感情を育てる

将棋に長く携わってきた私が言うと身びいきに聞こえるかもしれませんが、棋士はみな努力家でかつ潔い人たちです。

将棋には惜しい負けというのがありません。勝ちか負けのいずれかしかなく、その責任はすべて自分にあります。

「今日は○○だったから」「○○があんなことを言ったから」など、自分以外のものに負けた原因を押しつける人はいません。

さらに言うと、負ける時は自分で敗北を認め、頭を下げる必要があります。自身の持つ「王」もしくは「玉」にもう逃げ場がなく、とられてしまうだけ、とわかったらそこで「負けました」と告げて一礼するのです。

勝負事の多くは審判の判定や点数により勝ち負けが決まります。敗者が負けを認めて勝負が決まるのは非常に珍しいゲームだと思います。

何度も経験しましたが、負けを認めて一礼する時はとても悔しいものです。

将棋の対局では通常、1局あたり7回頭を下げて礼をします。駒の入った箱をそれぞれが開ける時に1回ずつ。王将を盤にパチンと置く前に1回。駒を並べ終わって対局を始める時に1回。負けが決まった時に1回。さらに駒をしまって1回。最後に1回。

この中でもっとも感情が動くのは、負けた時の一礼です。

世の中にこんなに悔しいことがあるのか、と思うほどです。

その分、勝った時の喜びもまた絶大です。

勝ち負けに伴う悔しさや嬉しさといった感情が強ければ強いほど、人は夢中になれます。また、夢中になればなるほど、悔しさや嬉しさは大きくなります。

ただ、その一方、そういった感情を抑える礼儀も将棋では大切なものとされています。

勝って嬉しいから、とガッツポーズをする棋士はいません。始めたばかりの子どもは思わずそういった仕草をしますが、すぐに抑えるようになります。

負けた時の一礼も同じですが、私たち指導者は「負けた時はこうしなさい」とは教えません。

どうすると思いますか？

答えは簡単です。私は子どもと初めて将棋を指す時は必ず負けてあげます。そうして、「負けました」と一礼します。負けた時にはどうするのか、私自身がその振る舞いをやって見せるのです。

勝った時にどうすべきかも同じく子どもたちは自分で理解し身につけます。

あるお母さんからいただいたメールにはそのことが記されていました。大会に出た息子さんの姿を遠くから見ていたところ、将棋を指していた両者が頭を下げて礼をしたそうです。

どちらが勝ったか遠目にはわからなかったのですが、よく見ると、息子は机の下で小さく拳を握り、ガッツポーズをしていたのだとか。

勝った喜びを仕草や顔に出さず、机の下でのみ表す息子を見て、「こんなに成長したのか」とそのお母さんは感動したそうです。

負けた時の悔しさ、悲しさを体験すると、相手が勝ち誇って見せたらどれだけ傷つくか想像できます。だから、相手を思いやり、喜びを抑えられるようになるのです。

将棋を通じて、子どもたちはそんな風に感情の経験値をどんどん増やしていきます。

負けた悔しさ、努力が実った達成感、次も頑張ろうという熱意、実力が理想に届かないもどかしさ、もうやめたいという気持ち、どうすればいいのかという迷いや悩み等々、さまざまな感情が小さな心の中に芽生え、育っていくのです。

もちろん、子どもたちの経験値を増やせる活動は将棋以外にもたくさんあると思います。

そんな中、私が将棋を推す理由の一つに「ウソがない」というのがあります。

棋士は対局にあたって勝つこと以外なにも考えません。勝っても負けても自分にはあまり影響ないが、相手は負けるとランクが落ちてしまう。しかも普段から仲がいい相手。

そんな一局なら、普通は手心を加えたくなるでしょう。

将棋界にはそんな忖度はありません。棋士はどんな時も100%の力で勝ちにいきます。この世界の重鎮として知られた米長邦雄永世棋聖は「相手にとって大事な一局ほど、一生懸命に指す」という名言を残しています。


オンリーワンの先生として私が理想としているのは「0を1にする教育」です。「5を10にしたり、10を100にしたりするのは技術を教えればすみますが、無から有を生み出すためには大きなエネルギーが必要です。

将棋にはウソも言い訳も一切ないからこそ、実生活ではなかなか生じない鮮烈な感情を経験できます。

初めて味わう感情のエネルギーで「1」を生み出し続けたい——そんな思いで私は日々、子どもたちと向き合っています。

村上信夫の後説

考えてみれば、将棋との付き合いも60年近くになる。

人見知りで、引っ込み思案のボクは、はじめのうちは一人で将棋を楽しんでいた。

架空の棋士を作り上げ、リーグ戦やトーナメント戦を開き、一人で駒を動かし悦に入っていた。

そのうち毎週のように将棋道場に通い出し、初対面の人と指しながら、いろんな感情を学んでいった気がする。

負けた悔しさ、逆転勝利の喜び、情熱と実力が伴わないもどかしさ、どう指していいか迷う心、負けたくない諦めたくない気持ち…。

将棋は、ボクの人生にとって必要不可欠なものになった。


ＮＨＫで将棋中継を担当出来たことは、将棋ファンのボクにとって願ってもないことだった。

緊迫する対局を目の当たりにし、盤面から離れた時の彼らのサービス精神満載の人柄に接して、学ぶことが多々あった。

あの羽生善治さんと二枚落ち（上手が飛車角の大駒抜きのハンデをつけて対局）で対局し、勝たせていただいた時、傍らで立ち会ってくれたのが、高橋和さんだった。

高橋さんとは、ウマが合い、四半世紀にわたり、公私ともに親しくしていただいている。

高橋さんは、子どもたちに教えることが楽しくて仕方ない。

子どもたちが、勝って喜び、負けて悔しがる感情を露わにする様子を見ていると嬉しくなる。

自分が女流プロとして対局していた時は、ナンバーワンになれなかったが、いまは教えるプロとしてオンリーワンを目指す。

子どもたちが強くなることを教えることには、あまり興味がない。

礼に始まり礼に終わる振る舞い、駒の並べ方片づけ方、感情を豊かにしていくこと…などを将棋を通して伝えていきたいと思っている。

将棋は、結果責任はすべて自分にある。自分の失敗から逃げない。

弱い自分を認め、他人のせいにしない。

将棋には、人間力を磨く要素がいっぱいなのだ。

みなさんの感想から。心が動いたことを付記しておく。

●人は経験の中でしか育たない。
●褒める時はみんなの前で。注意する時は、個別に。
●1を100にする人は多いが、0を1にする。
●将棋の難しさより楽しさを知れた。
●白か黒しかない勝負の世界を知れた。
●「諦める」という言葉は高橋さんの辞書にない。

第七回

「祖父から受け継いだこと」

～落語家　柳家花緑

村上信夫の前説

今回の語り手は、たいへんな人をおじいちゃんに持ってしまった方です。

おじいちゃん——五代目柳家小さんは、人間国宝の落語家さん。これはもう、お孫さんとしてはたいへんなんてものじゃありません。

ご本人も中学卒業と同時に祖父に弟子入り。落語の世界へと身を投じ、22歳という若さで真打ちに昇進したのですが、これは戦後最年少のスピード出世なのだとか。

近年、落語はZ世代と呼ばれる若い層にも人気があり、デジタル技術とコラボするなど、新しいスタイルの話芸としても注目を集めています。

そんな中、花緑さんの強みは歯切れがよくスピード感のある語り口。古典落語はもちろん、新作落語やシェークスピア作品、バレエの演目等を落語に転じた作品を演じるな

ど、新たな話芸の開拓者として幅広く活動されています。

落語界の重鎮であるお祖父様から「芸」と「心」をどんな風に継承されたのか、さらにはどのように活かしてきたのか、ぜひともうかがいたいところです。

柳家花緑かく語りき

◆五代目柳家小さんの芸と人

今回は「祖父から受け継いだこと」というテーマをいただきました。ぼくの師匠であり祖父でもある五代目柳家小さんについて、最初に少し語らせてください。

同じ芸の道を歩んでいるからでしょう。ときどき「小さん師匠はどこがすごかったの？」と尋ねられることがあります。

もちろん、この道の第一人者として人間国宝にも認定された祖父なので、優れていたところを挙げたらきりがないのですが、孫のぼくがあえて語るとしたら、「虚実の狭間」をとてもうまく操っていたところでしょうか。

祖父は長野県長野市の生まれで、本名を小林盛夫と言います。

五代目柳家小さんは芸名なのですが、ぼくは祖父の高座を見ていて、「小林盛夫が柳家小さんという着ぐるみを身にまとってお客さんと向き合っている」と感じることがしばしばありました。

落語家にはプライベートと仕事場ではまったく違う顔を見せる人が少なくありません。普段はムスッと無口な人も演芸場ではたいてい、芸人らしくニコニコしているものです。祖父はどこにいても同じでした。仕事場でもムスッとしていることが多かったので、取材に来た記者の方などから「今日の師匠はご機嫌が悪いのでしょうか?」と尋ねられたのを覚えています。

落語は一人語りの芸です。噺家は座布団の上で何人もの人物になりきる必要があり、それができなければお客さんはしらけてしまいます。

ところが、困ったことに、我々噺家の中には「役になりきる自分」とは別に「笑いを欲しがる自分」もいるのです。

祖父で言うなら、柳家小さんは役になりたがり、小林盛夫は高座で笑いを欲したと思います。

だとするなら、いつも同じく小林盛夫だった祖父にとって、役になりきるのは簡単ではなかったはずですが、相反する自分を祖父はとても巧みに御していました。

　ぼくは小さんの十八番だった「猫の災難」という演目（ネタ）を聞いた時、不思議な立体感を覚えました。

　このネタでは主人公の熊さんが酒を飲みながら一人語りをするシーンが多いのですが、舞台の下手袖から見ていると、まるで本当に「酔っ払ったおじさん」が目の前に現れたように感じられたのです。

　お客を笑わせたいであろう小林盛夫として居ながら、実にうまくその欲を隠す五代目柳家小さんの圧勝でした。そういう虚実の狭間を絶妙のバランスで操れる噺家だったと思うんです。

　余談になりますが、あれほどうまく酔っ払いを演じた柳家小さんは、実はもともとあまり飲めない人でした。

　ただ、昔はひいき筋とのお付き合いなどもあったので、頑張ってお酒の修行を重ねたそうです。「酒はハキハキ覚えた」というので前向きだな、と感心したら。「吐き吐き覚えた」という苦労話だったんですね。ぼくには今では笑い話ですが。

　その血を受け継いだせいか、ぼくもほとんど飲めません。晩年の祖父はあまり飲めなかったので、2人で晩酌をすると一合の酒をもてあますほどでした。

◆人間国宝のプレッシャーとぼくが得たもの

そんな柳家小さんを祖父に持ち、同じ道を歩んだことでぼくが得たものはとてもたくさんありました。

たとえば、ぼくは中学卒業と同時に入門したのですが、その時点ですでにいろいろなことができました。9歳ですでにプロに稽古をつけてもらってましたから、入門時にはできる噺が11席もあったんです。

あと、太鼓も叩けました。噺家が高座に上がる際には、三味線や笛、太鼓を使って演奏する出囃子というのが流れます。

このうち笛と太鼓は前座の噺家が担当するのですが、高座に上がる噺家によって出囃子の曲に使う音曲が違うので、覚えるのはたいへんです。

ぼくの場合は自宅に大太鼓・締太鼓があって、祖父の弟子が英才教育を施してくれました。ですから、入門時には周りにいる師匠たちの出囃子を大体叩けたんです。

普通、そんな太鼓があって、教えてくれる人がいるご家庭なんてないですよね。

高座に上がるのもぼくはずいぶん早かったんです。

普通は入門して10日間は何もさせてもらえません。ただ見ているだけで、せいぜいお茶を入れさせてもらえるくらいです。

着物だって、畳み方が悪いとしわになるので、触らせてもらえません。

そんな中、ぼくは入門6日目で高座に上がらせてもらいました。「しゃべれるか?」「はい、できます」「じゃあ、上がれ」という感じでした。

その当時は若すぎて何も考えませんでしたけど、当然、周りからは羨ましがられますし妬まれます。

もう少し後になって、そういう他の噺家たちの思いに気づいた時は本当に辛くて、いっそ命を絶とうか、と出刃包丁を持ちだしたこともありました。

ただ、ぼくも生半可な気持ちで落語家になったわけではありません。9歳から修行を始めたのも、噺家として生きていくこと以外、考えられなかったからです。

子どものころから、ぼくは勉強がひどく苦手でした。後になってわかったのですが、識字障害という発達障害を抱えているため、文字の読み書きがほとんどできなかったのです。

教科書が読めないので、勉強はからっきしです。一般的なサラリーマンとして会社勤めをするのはとうてい不可能です。

そんなぼくにとって、落語は唯一の生きる手段であり、その道がふさがれてしまったら死ぬしかありません。一時はそんな風に自分を追い詰めていました。

命を絶たずにすんだのは、やはり祖父のおかげでした。勉強は苦手ですが、想像力は発達していたので、自分が死んだらどうなるのか、リアルに思い浮かべることができたんです。

ぼくが空想したのは自分の葬儀でした。葬儀委員長になった祖父が泣きながら「孫がこんなことになってみなさんに申し訳ない」と頭を下げているシーンが頭に浮かびました。

普通は母親の顔が浮かぶものかもしれませんが、ぼくが慮ったのは師匠でもある祖父のことでした。

おじいちゃんにそんなことをさせるわけにはいかない。

師匠不孝になるなら、死んでも死にきれない。

そう考えたら、その後は二度と命を絶とうと思わなくなりました。

後になって思えば、小さんの孫と言われることで、ぼくにのしかかったプレッシャーはたいへん大きなものだったんです。

学生時代には同級生までが「こいつは柳家小さんの孫なんだぜ」と周りに触れ回るわけです。調子がいい時には自分でも「小さんの孫です」なんて言ってたのが、プレッシャーが大きくなるともう、そんな話はおくびにも出せません。

さらに、22歳で戦後最年少真打ちになってしまった時には、両肩に感じる重さがもうたいへんなものでした。

孫が負う重荷を祖父は彼祖父なりのやり方で一緒に担ってくれました。

真打ち披露パーティーでは「親の七光りなんて言われてますが、花緑（これ）は孫なので十四光ですな」なんて言って。

まだまだ青いやつを真打ちにするのは暴挙だと承知しております。でもこれで潰れるようならそれまでのやつだった、ということで、私も一緒に腹を切ります。ですから、苦情がおありなら、私とこいつの両方にください。

祖父はそんな覚悟を持って真打ちに推してくれたんだと思うんです。

それでも心配でならなかったから、いつも気にかけ見守ってくれていたんです。そのことをぼくが実感したのは祖父が亡くなってからでした。

◆人生の最期に小さんが見たもの

柳家小さんが世を去った日、ぼくはちょうど役者として明治座に出ておりました。代わりはいませんので、葬儀にも出られません。骨上げにはなんとか間に合ったので、その夜は母と祖父が二人して暮らしていた家に泊まることにしました。

どこで寝るか、迷ったのですが、「おじいちゃまのベッドが空いてるわよ」と母に言われ、二階にある祖父の部屋で寝ることにしました。

父親である小さんが生きていた時にはそうしていたんでしょう。母はテキパキと寝具を整えてくれて、最後にパチンとスポットライトをつけました。卓上にある小さな灯りです。部屋の灯りを全部落としたら、祖父がトイレに起きる時などに不便なので、いつもそうしていたわけです。

母が出て行ってすぐ、ぼくは眠りにつこうと部屋の灯りを落としました。

部屋の照明はスポットライトだけ。ベッドに横たわってふと見ると、その小さな灯りが卓上の写真立てを照らしていました。

そこにあったのは9歳のぼくが初めて高座に上がった時の写真でした。

柳家小さんは自室のベッドで息を引き取りました。前夜には大好きだったちらし寿司を食べ、母にお尻を押してもらいながらとはいえ、二階の自室に上がって床についたのですが、翌朝には亡くなっていたのです。

最期にこの写真を見て旅立ったのだな――そう思うと、もう、泣けて泣けて。亡くなったという報せを受けた時にも、お骨上げの時にもなぜかほとんど涙がこぼれなかったのが、ライトに照らされている写真を見た時にはうわーっと声を上げて泣いてしまいました。

◆弟子は師匠なり

祖父にとってぼくは孫であると同時に最後の内弟子でもありました。

柳家小さんは40人もの弟子を育てたことで知られており、立川談志師匠もその一人です。談志師匠についてはちょっとした逸話がありまして、中学を卒業してすぐにやってきた15歳の談志少年を見て、祖母は「あんなの取ったらたいへんだよ」と反対したそうです。ところが祖父はそういうやんちゃなところが気に入ったらしく、弟子入りを認めたんです。

実際、いろいろとたいへんなことはあったようですが、後に天才と言われるまでになったわけですから、それは取ってよかったのだと思います。

そんな祖父がよく口にしていた言葉に「噺家は弟子を持って一人前」というのがあります。

ぼくも最初に弟子にしてほしいという若者がやって来た時には、どうしたものか祖父に相談したのですが、「取りなさい」と即答でした。

「弟子は師匠なり」

祖父はそう確信していたんです。

一人目の弟子を育てる中ではあまり実感できませんでしたが、二人目、三人目と教える中でぼくもその意味がわかるようになりました。

落語の世界でも、教えることは学ぶことなんです。教える師匠と教わる弟子という一方通行ではありません。その関係が逆転することがとても多く、弟子から教わることはとてもたくさんあります。

そう思うと、祖父についても裏返して考えられるようになりました。柳家小さんには40人の弟子がいました。それはつまり、40人の師匠がいた、とも捉えられます。

落語界初の人間国宝になれたのは、そういう師匠たちのおかげだ、と祖父自身も思っていたのかもしれません。ちょっと厳しい言葉になりますが、「弟子入り志願が来ないような噺家はダメだ」と語るのをぼくは何度か聞いた覚えがあります。

落語家は弟子を募集したりしません。みな、門なき門を叩いてこの道に入ってくるんです。そういう人たちに師匠として選ばれないようではダメだ、と言いたかったんでしょう。

幸いなことにぼくにも弟子がいます。10人の弟子を抱えて、彼らに磨かれている真っ最中です。

彼らとどう相対するか――最初のころはずいぶん悩みました。

最初に弟子を持ったのは28、29歳くらいのころでした。まだ若かったこともあり、なんとか言葉で伝えよう、なにかいいことを言おう、と四苦八苦しました。自分ができているかどうかは脇に置いて、祖父から習ったことも含め、いい言葉で伝えよう、と頑張りました。

でも、それだと伝わらないんですよね。

結局、いろいろと試行錯誤する中でたどり着いたのは「どうあるかを見せる」という対し方でした。

振り返ってみると、祖父も同じだった気がします。

自分ができていないことを弟子に「やれ」と言うのはおかしな話です。弟子は師匠の振る舞いを見ていますから、言っていることとやっていることが違う、と思われてしまいます。

ですから、大切なのは「何を言うか」ではなく「どうあるか」なのです。それを意識した瞬間、教えのベクトルは自分の方を向きます。

弟子と相対する時にはいつも。自分はどうしているか、何ができているのか、と考えます。そうすると、弟子と過ごす時間はとても充実したものになります。

もちろん、その逆も真なりです。師匠であるぼくは弟子である彼らを付き人として仕事場に連れて行ったり、着付けをさせたり着物をたたませたりします。お世話をさせているようですが、実は一人で出かけた方が楽だし、着付け等も不慣れな彼らに任せるのはまどろっこしくてしかたありません。

ただ、そういう経験が彼らにとって糧になるから、やらせているのです。

なので、最近は冗談めかして弟子に告げてます。

「今まではサービスで着付けをさせてあげてたけど、真打ちになったからもういいよ」と。

口幅ったいようですが、ぼくは彼らを自分の子どもだと思っています。リアルな子どもはいないので比べられませんが、思いとしては本当の子どもとして生涯接していこうと決めています。

◆何千回やっても初回『寅さん』が続いた理由

祖父から教わったことで、今も心にとめていることがもう一つあります。

「毎回、初めて演（や）るつもりでやれ」

たとえば、祖父は「猫の災難」という演目を、それこそ、生涯に何百回もやったと思います。

でも、「これでいい」と思ったらその噺は死んでしまう、といつも言っていました。常にあらゆる角度から見つめ直せ。そうしたら、必ずダメなところや改善した方がいいところがみつかるから、と。

仕草はあれでよかったのか、酔っ払っていく過程は違ったんじゃないか、登場人物の気持ちにちゃんとなれていたか――そういったことを一つ一つ確認しなきゃいけない。

お客さまに違いがわからないとしても、しゃべる側はテーマを持て。いつも初回だと思って取り組め、と祖父からは教わりました。

同じことを『男はつらいよ』シリーズで有名な山田洋次監督にも伝えたことがあるようです。全50作というギネス級の映画シリーズですが、当時は何作か回を重ねたところで、ファンの方からマンネリ化している、という声が届くようになっていたそうです。そのことを悩んでいた山田洋次監督に祖父は「毎回初回を撮るつもりで映画を作ったらどうですか?」とアドバイスしたと言います。

「我々落語家は古典落語をもう何百回、何千回も高座でやっていますが、いつも初めて話すつもりで高座に上がります。そんな気持ちで寅さんを撮ったらどうでしょう?」

そんな風に言われてとても勇気づけられた、とぼくは山田監督ご本人から聞いたことがあります。

40作、50作と続けられたのは小さん師匠のおかげだ、と。

ぼくもその教えは大切にしています。噺はいつも一期一会なんです。

◆継承できる幸運と覚悟

今回、継承というテーマでお話をしましたが、ぼく自身は柳家小さんの孫に産まれたことは、たいへんな幸運であり、そのおかげで幸福な人生を歩んで来られた、と思っています。本当にたくさんのものを祖父からもらって生きてきました。

祖父がもしどこかで聞いているなら、あらためて感謝の気持ちを伝えると共に、孫を信じて見守ってください、と言いたいですね。

（祖父の遺影に向かって、孫は真摯に語りかけた）

まだまだできの悪い孫ですけれども、自分を信じて、自信を持って、もう二度と死ぬとか言わないので、たまに、あの世から覗いてみてください。で、あの世に行ったときに、隠れたり逃げたりしないで堂々と再会できるように精進していきます。

村上信夫の後説

花緑さんが約束の時間になっても現れない。

電話しても出ない。

気にしていたら、メールが来た。

「本郷三丁目の交差点付近で、自分の車と自転車が軽い接触をした。

怪我も破損もないが、警察を呼んだ。

相手が激高していて、日本人に見えるが、英語しかしゃべらない」。

いささか困った顔の花緑さんが想像出来た。

警察に行ったら、相手は、突然日本語を話し出し、事件にはしたくない。早く帰りたいという。結局、スピード示談。

狐につままれたような苦笑いで花緑さんが麟祥院に現れたのは、本番15分前。急いで着替え、時間通りに始められた。

もちろん、この話を「マクラ」にしない手はない。

微に入り細を穿ち、面白おかしく語り、「村上さんが電話してきたので、気をとられ自転車に気づくのが遅れた」と、ボクに罪をなすりつけるオチ（笑）。

落語は、五代目小さんの十八番『猫の災難』。
酒好きな熊五郎のほとんど一人語り。
隣の猫が病気見舞いにもらった鯛の残りをもらい、
これを肴に酒を飲みたいと思っているところへ兄貴分が来る。

近くの酒屋は借りがあるので、二町先まで行って、五合買ってきてもらうことにした。
さあ困ったのは熊五郎。いまさら猫のお余りとは言いにくい。
仕方がないので、兄貴分が酒を抱えて帰ると、
「おろした身を隣の猫がくわえていった」とごまかす。
兄貴分、不承不承代わりの鯛を探しに行った。
熊五郎は、ほっと安心して、酒を見るともうたまらない。
一杯だけのつもりが飲み干してしまう。
鯛をようやく見つけて帰った兄貴分。
酒が一滴もないのを知って仰天する。
熊五郎は猫のしわざだと言っても今度はダメ…。

五代目小さんは、「試し酒」「禁酒番屋」「猫の災難」などで観客をうならせた。
さもうまそうに杯を傾けたあと「チッ！」と舌打ちする仕草、畳にこぼした酒をチューチュー吸う場面、相棒が帰ってきてからのべろべろの酔態…、愛すべきノンベエの姿を見事に活写していた。

師匠の十八番をお願いと気楽に依頼したのだが、「師匠の十八番はボクの十八番とは限らないんです」と花緑さんは言う。

ある意味無理難題を、快く受けてくれたのだ。

小さん師匠の『猫の災難』とは、格別の花緑さんの『猫の災難』になっていたと思う。ぜひ十八番にしてほしい。それが祖父の芸を受け継ぐことにもなるから。

五代目小さんが亡くなって20年になる。

人間国宝の孫という大きな看板を背負うプレッシャー、祖父の優しさを物語るエピソード、祖父の骨上げの夜、祖父のベッドで大泣きしたこと…会場の観客も泣いたり笑ったり、共感の一体感に包まれた。

机上には、小さん師匠のにこやかな顔の写真が置かれ、終始、孫の話に耳を傾けている気配が感じられた。

第八回

『ぼけますからよろしく』と言われた娘

〜映画監督　信友直子

村上信夫の前説

「今年はぼけますから、よろしくお願いします」

ご両親やパートナーが突然、そんな風に言い出したら、どうしますか？

本日のゲスト、映画監督の信友直子さんはある年の元旦、お母様が年始に寄せて認知症をカミングアウトするという驚きの出来事を体験されました。

急速に高齢化が進む国内では、認知症は誰にとっても他人事ではありません。

信友さんもアルツハイマー病を発症したお母様を抱え、悩み多き日々を送ることになります。

ご本人は仕事もあり東京在住。ご両親は広島県呉市で二人暮らしをしているため、お母様を介護するのは90代後半のお父様だけ。

大変な状況の中、もともとドキュメント映像を撮ってきた信友さんはお母様やご自身

を含む家族の日常をカメラで撮ろうと決意します。

そうして撮りためた映像で構成した映画『ぼけますから、よろしくお願いします』は動員20万人を超える大ヒットを記録。

認知症の母親や介護を担う父親と、娘としてどう接したのか。映像を撮影する中で、映画監督としてなにを感じたのか。

本日は映画では語られなかった裏側も含め、認知症や介護とのこと、さらにはご両親への思いを語っていただきます。

信友直子かく語りき

◆100歳超えて父が地域の人気者に

映画についてはもちろんですが、関わりのある方々から支えていただき、私も父もつつがなく暮らせている、と感じております。

もともと、父と母は広島県呉市で二人暮らしをしていました。呉市は広島県の南西部にあり、古くから港を中心に栄えてきた町です。

母が亡くなり、今は父が一人で住んでいますが、地元の方があれこれ面倒を見てくださるおかげで、不自由なく生活できているようです。

先日は呉市の映画館で『ぼけますから、よろしくお願いします。～おかえりお母さん』の上映会があり、その日が誕生日だった父のバースデーパーティーも開催しました。たくさんの方からプレゼントをいただいたので、持って帰るのが大変だったほどです。地元では多くの方が父のことを知るようになり、応援してくれる方も少なくありません。商店街に食料品を買いに行く途中、出会ったご近所さんが「おでんたいたけ、持っていき」などと言ってくださることもあるようです。

「なんも買わんでもおかずがあるんじゃ」と父はちょっと自慢げにしていました。呉の町全体で、父のことを気にかけてくれているようで、とてもありがたいことです。

父はもともと、あまりしゃべらない人でした。

本や新聞を読むのが大好きで、趣味は新聞のスクラップ。地元紙を含め、3紙をとって読み比べていました。

私も子どものころ「一つの出来事をいろいろな角度から見て、ものの見方やそこからなにを学ぶかを自分で考えなさい」と教えられた覚えがあります。

今でも、新聞を切り抜いて、その要旨をまとめたものを自分のメモ帳に書いたりしています。そのおかげか、102歳にして記憶力も抜群です。「直子、忘れとるんじゃないか」と私がすっかり失念していることを教えてくれることも。

あと、人に対する気遣いも、まったく衰えていません。

母を介護する中で、掃除や洗濯といった家事をする時にも、嫌な顔は見せませんでした。鼻歌を口ずさみながら楽しそうにこなすので、母も引け目を感じずにすんだのではないか、と思います。

◆親のことは気にせんで　やりたいことをやりなさい

父は1920年の生まれなので、青春時代は戦争一色だったようです。

語学が好きで、本当はそちらの分野に進みたかった、と聞きました。ただ、当時は英語が敵性語と見なされていたため、父親（私の祖父）に猛反対され断念したと言います。

そのことがとても無念だったのでしょう。

私がまだずいぶん幼いころから、「あんたはそういう無念を抱えた人生だけは送らんでほしい」と何度も言ってくれました。

母が認知症だとわかった時、父はすでに93歳でした。ずいぶんな高齢ですし、耳も遠かったので、仕事を辞めて呉に帰ろうか、と私は悩みました。

ただ、その話をすると、「お前はお前の仕事をすればええんじゃ」と父は反対しました。父親の年齢を理由に、やりたい仕事を娘が断念するなんて、あってはならない。そんなことになったら、自分で自分を許せなくなる、と言うんです。

私がこの仕事をどれほど好きか、いちばんよく知っている人、と言えるかもしれません。

ただ、人生は不思議なもので、もともとは映画監督を志していたわけではありません。大学を卒業する際に考えたのは「書く仕事をしたい」ということでした。文章を書くことが大好きだったので、コピーライターになりたい、と考えました。

当時は糸井重里さんなど、有名なコピーライターの人気が高く、たった数語のコピーでギャラ数百万円などという噂もありました。

幸いなことに私は森永製菓の広告部に職を得て、希望通りコピーを作る仕事に就くことができました。

ところが喜んだのもつかの間、すぐに大きな事件が起きました。いわゆる「グリコ森永事件」です。

そうなるともう、コピーどころではありません。

会社には毎日多数のマスコミが押しかけ、社員だとわかるとカメラやマイクに取り囲まれてしまいます。当時はカメラマンといえば男性ばかり。むくつけきおじさんたちに大きなカメラを向けられるのがとにかく怖かったのを覚えています。

ストレスに押しつぶされそうな日々でしたが、友人に相談することもできません。自分だけ就職に失敗したようで、コンプレックスも強かったのです。

そんな中、マスコミの中に一人だけ、優しく寄り添ってくれた女性記者がいました。

その方と話した時、私は初めて心に抱える悩みを打ち明けて泣くことができました。人に涙は見せないと決めていたのに、ボロボロと涙をこぼして号泣したんです。

泣いたら、なぜだかとてもスッキリしました。

そうして、「このお姉さんみたいな仕事をしたい」と思ったのが、映像作りの世界に入ったきっかけです。

◆「ぼけますからよろしく」の母はお笑い担当

映像制作会社に転職した私は、いろいろと感じるところがあり、ドキュメンタリーを撮るようになりました。

自身が乳がんと診断された際には、その闘病も撮影して『おっぱいと東京タワー〜私の乳がん日記』というテレビ番組にしました。この作品はニューヨークフェスティバル銀賞、ギャラクシー奨励賞などを受賞していますが、病気と闘うにあたっては母にずいぶん支えてもらいました。

闘病の様子を作品にしよう、と思い立ったいちばんの動機は恐怖でした。がんという病気がとても恐ろしかった私はどうにか目をそらしたくて、カメラを回したんです。

肉体的にも精神的にも辛いことの多い闘病を支えてくれたのは母でした。かいがいしく面倒を見てくれたのはもちろん、抗がん剤で髪の毛が抜けた私に「ドリフの加トちゃんがかぶるハゲヅラみたいになったねぇ」と大笑いしたこともあります。なんとか笑わせ楽しい気持ちにして娘の免疫力を高めよう、という意図があったそうです。広島からわざわざお見舞いに来るたびにそんなおふざけをするので、私は一度「何でそんなにヘラヘラしとるの？　娘ががんなのにショックじゃないの？」と問い詰めたことがありました。

「お母さんが泣いて、あんたのがんがよくなるんなら、お母さんはいくらでも泣くけど、私が泣いてもあんたのがんが消えるわけじゃない。それなら少しでも笑うて、前向きに過ごした方が、あんたも免疫が上がるじゃろ」

そんな風に言われたら、返す言葉はありません。

別の時には「お母さんの垂れたボインでよければ、いつでもあげるんじゃが、そんなもん要らんじゃろ」なんてことも言ってました。

そういう自虐ネタで家族を笑わせて明るい気持ちにするのが母の役割でした。元旦に「今年はぼけますからよろしくお願いします」と言ったのはその延長線上だった気がします。

認知症は、少しずつ進む病気です。本人に自覚がないことも多いのですが、母の場合は私と父が気づくより早く、自分の異変を察知していたようです。

後になって振り返ると、「あれも認知症だと感じていたからこそだろう」と思い当たる兆候がいくつも見つかりました。

たとえば、大好きだった書道をある年、ぷっつりとやめてしまったのです。長年親しんできた趣味でした。呉の教室に通っていたのが広島市に足を伸ばすようになり、しまいには神戸によい先生がいるというので、わざわざ通うほどだったのに、いきなり行かなくなってしまったのです。

もしかしたら、神戸に通っていた時、道に迷って怖い思いをしたのかもしれません。それが「ぼけますから…」宣言の3年ほど前でした。

両親のことをカメラで撮り始めたのは、母が認知症になる10年以上前からでした。仕事用に新しいカメラを買ったので、練習台として母を撮っていたのです。映画にしようなどとは考えていなかったので、認知症を疑ったころには撮影を止めたこともありました。

変な行動をとった時にカメラが回っていたら、母が落ち込むのではないか、と思ったからです。

ところが、母には別の思いがあったようで、ある時「最近、撮らんようになったけど、お母さんがおかしくなったけん、撮らんようになったん？」と聞いてきたんです。

それでまた、私はカメラを回すようになりました。

あの言葉がなかったら、映画はできなかったと思います。

◆誰の家庭にも起きる可能性がある

偶然が重なってできた映画ですから、こんなにたくさんの方が観てくれるとは思いませんでした。

父も母もごく普通の人たちです。だからこそ、みなさんが自分の家庭にも起こりえることとして関心を持ってくれたのかもしれません。

この映画は娘だからこそ撮れたものだと思っています。自身が産み育てた娘だからこそ、父も母も素の顔を見せてくれました。時には二人で派手に喧嘩をしたり…。カメラを向けるのが気を許した娘でなければ、もっと取り澄ました顔をしてみせたでしょう。

映画の中にもおさめましたが、父が母に対して激怒したことがありました。「死にたい。死にたい」という母に「そんなら死ねや！」と言ったのです。「すごいシーンが撮れた！」と興奮もしましたが、いっぽう娘として別の心配も感じました。「もしこの映像を使ったら、父がひどくキレやすい人に見えてしまうだろう。それはかわいそうだ」と思ったのです。

でも、何度もそのシーンを見返すうちに、父は母のことを思って、強い言葉を使っているのだとわかってきました。

「あんたは感謝が足らんのじゃ！」とも父は言っています。

子どものころ、私が母からいちばんしっかりと教えられたのは「人に感謝しなさい」ということでした。

認知症の母はヘルパーさんやケアマネさんなど多くの方に支えられて暮らしています。死にたいなんて言えるのは、そういう方たちへの感謝が足りないからだ、と父は言いたかったのです。

認知症になった母はいろんなことができなくなりました。父はそのことを嫌だと言ったことは一度もありません。

ただ、母のいちばんの美徳だった感謝の気持ちがなくなってしまうのは耐えがたかったんです。

母もそのことがわかったのでしょう。「死ね」と言われたのに「そんな怒らんでもええじゃないの」とむしろ父に対して申し訳なさそうでした。

認知症だからもうどうしようもない、と諦めず真剣に向き合おうとする父の態度が嬉しかったのだと思います。

父は本当に真剣でした。

実は1本目の公開直前に母が脳梗塞で倒れてしまいました。

母が入院したことで、父の負担は軽くなる、と私は考えました。ところが、父は毎日、お見舞いに通い、母を家に連れて帰れるよう、さまざまな準備を始めました。

家から病院まで、歩くと片道1時間かかります。タクシーを使うのはもったいない、とその道のりを父は毎日歩きました。そうして、母の枕元で3時間、4時間と過ごすんです。

当時98歳でしたが、筋トレも始めました。半身不随になった母を自分が支えなければいけないから、と。

「おっかあが家に帰りたい、ってリハビリ頑張りよるのに、わしが一人でのほほんとしてられん」と言って、腹筋運動をしたりエアロバイクをこいだりする姿には私もビックリしました。

残念ながら、母はさらに別の脳梗塞を発症してしまい、寝たきりになってしまいました。

それでも父は「おっかあ、早う帰ってこいよ。わしがコーヒー入れちゃるけん」とまじないのように語りかけていました。

母が亡くなる瀬戸際まで、父は希望を語りました。

危篤になった時にも「元気になったらハンバーグを食べに行こう」と母に語りかけました。後で聞くと、「『今までありがとう』なんて言ったら、自分はもう死ぬんだ、とおっかあが思う。それはかわいそうだから、二人とも大好きだったハンバーグの話をした」ということでした。

◆介護は親が命がけでしてくれる最後の子育て

母の介護を終えて、一人になった父は、いま102歳。歳をとると、普通は昔話をしたがるものですが、父はよく未来のことを語ります。試しに、どんな年寄りになりたいか、と聞いてみたところ「みんなに可愛がってもらえる年寄りになりたい」と言います。

「年寄りにとっての社会参加は社会に甘えることじゃ」というのが、今の父の考えです。最初は、母の介護についても元気なうちは自分で背負う、という意識の強い人でした。男気と言えばかっこいいですが、頑固だったんです。

しかし、介護を担う中でいろいろな人に助けられるうちに、それが変わったのでしょう。自然に「ありがとう」と言える、娘から見ても本当に気持ちのいい、かわいらしい年寄りになりました。

家族にとって介護はとても大きな経験です。もちろん大変な苦労はありますが、そこから学ぶことも少なくありません。

母が元気だったころの父は周りの人とのお付き合いは母任せにしていました。1週間まるまる外に出なくても平気というくらい内にこもりがちで、足腰も今より弱っていました。母を支えなければならない状況に追い込まれたことで、かえって元気になった気がします。

そんな父の姿を間近に見たことで、私の意識も変わりました。疲れたから、気力が湧かないからとサボらず、できることをやり続ければ、いくつになっても成長できるんだ、と信じられるようになったんです。

家族の役割についても気づかされることがありました。

認知症になるとなにもわからなくなるので、本人は幸せなどと言いますが、うちの母は自分が家族に迷惑をかけているとわかっていました。

だからこそ、私も父も笑顔でいるよう努めました。

「認知症になってしまったけど、お父さんも直子も笑えてる。だったら、私はここにおってもええよね」

母がそう思えるよう、笑えることを探すこと。愛情を注ぐことが家族の役割だ、と私は思っています。

介護は親が命がけでしてくれる最後の子育て――私の映画を観た方から、そんな言葉を教わりました。

最後の瞬間にいたるまで、母は生きることのすべてを見せてくれました。認知症で人としての尊厳が崩れていく姿。それでもなお抗い、父との絆を頼りに自分らしく生きようとする姿。死んでいく姿。

母が旅立つ瞬間、父が手を握り語りかけました。

「おっかあ、今までほんまにありがとうね。あんたが女房でほんまにええ人生じゃった」

二人の様子を見て、私はいっとき悲しみを忘れ「すごいものを見た」という感動にひたりました。

私が生まれる前に出会い、自分たちの意思で絆を結んだ二人が、目の前で別れの時を迎えたのです。

それはもう、素晴らしく崇高なシーンであり、単に悲劇と呼べない気がしました。

母は父のことが大好きでした。

亡くなる前には認知症になり脳梗塞になって寝たきりにもなりました。辛いことばかりでかわいそうだ、と思う人もいるかもしれませんが、大好きだった夫にあれだけ尽くしてもらえたことは、とても幸せだったはずです。

亡くなる時にも「あんたが女房でよかった」という言葉をもらえたのです。

こんなに幸せな旅立ち方があるでしょうか？


人生の最終章は悲しいだけではありませんでした。お互いを思いやり、かわす笑顔もありました。母がしてくれた「命がけの子育て」から私が受け取ったのは、そんな人生の機微でした。

村上信夫の後説

ドキュメンタリー映画「ぼけますから、よろしくお願いします。～おかえりお母さん～」を観たとき、微笑ましいシーンでは、おのずと笑みがこぼれ、せつないシーンでは、滂沱の涙が溢れた。

映画のチラシに、信友直子監督は、こう書いている。

「人が生きて老いていく先には、必ず死と別れがあります。でも、人生の最終章は悲しいだけではありません。お互いを思いやり、かわす笑顔もありました。今回もまた。誰もが自分のこととして感じてもらえる物語になったと思います」

確かに、誰の身にも起こりうることだから、「自分ごと」として共感出来るのだろう。だから1作目の『ぼけますから、よろしくお願いします。』は、単館公開から100館以上に広がり、20万人が観た。

認知症の87才の母を、85歳の腰の曲がった耳の遠い父が老老介護する姿を、一人娘である監督が、〝娘としての慈愛〟と〝映画監督としての客観性〟のはざまで見事に描き切った映画だ。

その続編が『ぼけますから、よろしくお願いします。～お

かえり母さん』。

母の認知症は進み、さらに脳梗塞を発症。寝たきりの入院生活がはじまると父は毎日1時間歩いて面会に行く。昔気質で家事などしなかった父が、90過ぎて「家事」をこなすようになる。

母と向き合いながらも、自分のペースは崩さない。新聞3紙を丁寧に読み、スクラップをする日課を欠かさない。

妻の病状が思わしくなくても、一向に諦めない。妻の退院後に備えて「筋トレ」も始めた。危篤の枕辺でも「元気になってハンバーグを一緒に食べに行こう」と励ます。「父は未来志向の年寄り」だと信友さんはいう。

家族で認知症とどう向き合えばいいか、具体的で示唆に富んだ話に、会場のあちこちで共感のうなづきが見られた感想から…。

●日常のなにげない瞬間が大切かと改めて気づかされた

●「ユーモアは力」きょう、いちばんの気づき

●いままで認知症にマイナスイメージしかなかったが、愛とユーモアに救われた気がした

●介護は親がしてくれる最後の子育てというメッセージがとても響いた
●妻が認知症になり夫に甘える…恋人に戻るみたいでステキ
●素で生きたいとしみじみ思った

「ぼけますから、よろしくお願いします」と言える社会、「わかった」と応えられる社会であってほしい。

第九回　「脱皮と深化」

～城端蒔絵　十六代　小原治五右衛門

村上信夫の前説

私がＮＨＫに入局して初めて勤務したのは、富山県でした。

富山には江戸初期から続く高岡銅器や、江戸中期に端を発する井波彫刻など、色々な伝統工芸があります。富山時代の私も丸５年間、仕事やプライベートを通じてそうした伝統を担う方々とお話しする機会をいただいておりました。

しかしお恥ずかしいことに、城端蒔絵（じょうはなまきえ）という存在は知りませんでした。

この城端蒔絵は、およそ４５０年前の安土桃山時代から一子相伝、小原治五右衛門の名で受け継がれてきた伝統工藝です。

（中央は長男の好稀くん）

今回ご登壇いただくのは、そのご当代。43歳とお若く、男の私が見ても惚れ惚れとする一本筋の通った人です。

この人が、長い歴史を持つ小原治五右衛門の名といかに向き合い、受け継ぎ、次代につないでいこうとお考えなのかを伺いたくて、テーマは「脱皮と深化」とさせていただきました。十六代小原治五右衛門さんです。

小原治五右衛門かく語りき

◆「小原治五右衛門」の名を継ぐことの意味

村上さんにご紹介いただいた通り、富山には数多くの伝統工芸を生業とする職人の方々がいらっしゃいます。その中で、城端蒔絵は今の富山県砺波（となみ）市城端（じょうはな）町で始まった漆工藝で、天正3年（1575年）より一子相伝で継承してきました。時代で言えば、発祥は安土桃山時代です。

しかし、小原の家の歴史は、実はもっと遡ることができます。漆を始める前は浄土真宗本願寺派第8世宗主である蓮如が越前吉崎（現在の福井県あわら市吉崎）に赴く際に随伴した僧侶の一人でしたし、その前は武士をやっておりました。

さらにルーツをたどれば、和歌・管弦・蹴鞠など様々な芸能に通じた人物としても知られた第59代宇田天皇の第8王子、敦実（あつみ）親王がいます。

私は3年前に十六代小原治五右衛門を襲名いたしまして、この長く続く歴史の一端を担わせていただくことになりました。


このようなお話をすると、「そんな家柄では、生まれた時から相当なプレッシャーがあったでしょう」と言っていただくことも少なくありません。

しかしプレッシャーを感じたり、かけられたりというよりは、生きるための羅針盤を授かった感覚の方が強いのです。「あなたが450年の歴史を背負いなさい」ではなく、「その歴史を指針にして、あなたらしく生きなさい」と言われているように、私は感じています。

しかも小原家は、城端蒔絵を継承し、天覧品や茶道具、城端曳山祭で巡行する曳山や庵屋台の制作や修復に従事してきたので、代々の治五右衛門が300年前、400年前に作った作品が現存しています。先祖も私も同じ城端蒔絵の職人なわけですから、それを手に取って見れば、ご先祖の声なき声が聞こえてきます。自分が小原治五右衛門としてどう生きるべきかを教えてくれるのです。

◆ご先祖がいたからこそ描けた作品たち

例えば平棗（ひらなつめ、薄い抹茶を入れる木製の茶器）に施した蒔絵も、ご先祖との関わりの中で生まれたものです。

蒔絵というのは、漆で紋様を描き、その漆が固まらないうちに金や銀の粉を蒔いて装飾するものを言います。蒔絵と聞くと金や銀を思い浮かべるかとも多いと思いますが、これは加賀蒔絵のイメージが広く浸透しているからです。かつて加賀前田家が、京都の有名な蒔絵師である五十嵐道甫（いがらしどうほ）を招き寄せ、金や銀を使った豪華絢爛な蒔絵を作り、加賀蒔絵として発展させたのです。

一方で城端蒔絵は450年間、城端の町の人たちに愛されてきた工藝品です。加賀前田家お抱えの蒔絵師ではなかった治五右衛門は、金や銀を使用することができず、当時漆で出せる色は朱、黒、茶、黄、緑の5色だけ。これでは華やかな表現は難しく、ご先祖は頭を悩ませました。

そうして生まれたのが小原家秘伝の白蒔絵法です。この技法で、純白の表現ができるだけでなく、他の色と混ぜることで中間色や色のグラデーションを表現することもできるようになりました。

平棗の桜は、こうして小原の家が代々受け継いできた技法で描いています。しかし私がこの蒔絵を描くにあたって、ご先祖からいただいたものは技法だけではありません。

城端には水月公園という古い公園があります。ここには八代治五右衛門が、父である七代治五右衛門を敬愛して、辞世の句を刻んだ石碑を建てています。祖父や父は何か大きな仕事をする前にはこの石碑に手を合わせて「よろしくお願いします」と言い、無事仕事が終わると「ありがとうございました」とご挨拶に来ていました。私も手を引かれて何度も行きましたし、大人になってからも我が子を連れてお参りをしている場所です。

ここは医王山という山が望める景勝地でもあります。そのため、ご先祖の石碑にご挨拶に行くと、西の方角にある医王山に夕陽が沈んでいく光景に出会うこともあります。他にも春は江戸彼岸桜、秋は紅葉と、季節の移ろいを感じられる美しい場所です。

この蒔絵は、そうした水月公園で感じた春と秋の無常観を桜と紅葉という、本来同じ枝で同居し得ない組み合わせで描いた雲錦文様の作品なのです。白蒔絵にしろ、意匠にしろ、いずれも私が小原治五右衛門だったからこそ描けた蒔絵と言えます。

あるいは、水指（みずさし、お茶の席で使う水を入れておくための器）に描いた蒔絵も同じです。

意匠に選んだのは立山連峰です。この作品を描くまで、私はモンシロチョウや菊のお花、桜と紅葉など、色々な文様を描いていました。立山連峰と言えば、富山県民だけでなく日本人が昔から愛し、あがめてきた霊峰でもあります。冬になれば澄んだ青い空が広がり、氷見海岸から眺めれば、雨晴海岸を前

景に雄大に広がる山容を望むこともできます。

私は、この立山連峰が美しいのは当然のこととして、ではどう描けば一番美しく描けるのかと思案しました。


草木は不要だ。

空を描くのはやめよう。

海を描くのも余計かもしれない。


引き算を繰り返していき、「そもそも立山を描くのもやめよう」という結論に至りました。冬に山を覆う、真っ白な雪だけを描こうと考えたのです。そうして完成したのが、この作品です。


しかし私一人の力で完成までこぎつけたわけではありません。というのも、この蒔絵は歴代治五右衛門の資料と向き合うことで描けた作品だからです。

意匠を考案しながら、雪を描いていた時のことです。まず立山の雪を描いていると、自然に剱岳が浮かび上がってくるのを感じました。同時に漆が持つ本来の美しさも、むくむくと湧き上がってくるではありませんか。

その時ふと、自分が漆を生かして描いているのではなく、漆によって生かされて描いているのだ、という感覚を得たのです。すると漆の黒は文字通り漆黒ではあるけれども、この漆黒が在るだけでそれは時空になり、水になる、ということも理解できました。だからこの作品は、雪を描き、あとは蓋のところに太陽と月を表すつまみをつけただけで完成としたのです。

漆の命は、代の浅い治五右衛門が作ったものが300年、400年と残っていますし、私が作ったものも100年、200年と残っていきます。

対して人一人の命はせいぜい数十年、長くとも100年程度ですが、私の中には代々の治五右衛門が生きていて、さらに言えば人類、生物が脈々とつないできた命が息づいています。

私が十六代小原治五右衛門としてやるべきことというのは、そうやって受け継がれてきた命を、自分なりのやり方で次代へとつないでいくことだと考えています。だからプレッシャーを感じるというよりは、後ろから支えていただいているという感覚になるのです。

◆「脱皮できない蛇は滅びる」

何かを継承するということは、前の代から受け継いだものをそのまま維持することだと考えている人もいるかもしれません。しかし継承の本質とは、今回のテーマにもなっている脱皮と深化にあると私は考えています。

2013年に制作した、Pythonシリーズという一連の作品群があります。名前の通り、蛇の鱗をモチーフにした蒔絵のシリーズです。

これを発表した時の周囲の反応は惨憺たるものでした。先輩や美術評論家の先生方は、小原はいったいどうしてしまったんだと困惑し、「気持ちが悪いからやめた方がいい」とご指摘をいただきました。にもかかわらず、繰り返しこのシリーズを発表したので、ついに人生で初めて公募展に落選をしてしまいます。

しかし落選から半年ほど経って、日の目を見る時がやってきます。ニューヨークにあるメトロポリタン美術館の元学芸員の先生が、城端蒔絵を見たいと拙宅にいらっしゃったので、他の作品と一緒にPythonシリーズをお見せしたのです。すると「こんな蒔絵は見たことがないが、いったい何をテーマに描かれたのか」と聞いてくださった。

実は私は単に蛇を描きたかったのではありませんでした。

哲学者ニーチェは『曙光』の中で「脱皮できない蛇は滅びる。意見を変えることを妨げられた精神の持ち主たちも同様である」と書いています。城端蒔絵を含む伝統工芸も同じです。

現在十何代と続く伝統工藝の多くは、戦国時代末期にルーツがあります。動乱期には、従来の秩序・常識が乱れる一方で、新たな文化や技術、思想・哲学も生まれます。

そうした起源を持つ伝統工藝を次代へ継承していこうと思うのであれば、ご先祖と同じように芸術を脱皮させ、深化させていく必要があるはず。当時三十代で尖りに尖っていた私は、そんな思いを込めてPythonシリーズを作ったのです。

拙宅にいらした先生にこの話をしたところ、「ぜひともこれはニューヨークで発表されるべきです」と言ってくださり、とんとん拍子にアメリカでの展示が決まりました。

その結果、とあるギャラリーのオーナーのお力添えをいただき、バカラホテルに展示されたり、アジアの工芸を展示する大きなイベントで、32人の日本人のうちの1人にも選んでいただいたりと、高い評価を得ることができました。

私は蛇の鱗を描くことで「脱皮と深化」というテーマを描いたわけですが、代々の治五右衛門も絶えず脱皮と深化を繰り返してきました。

例えば、こちらは八代小原治五右衛門が作った作品です。蓋の赤く見える部分には、銭目塗と言って渦模様の塗りが施されています。八代は城端蒔絵で描いた鶏や菊を引き立たせるために、この変り塗（特殊な塗りのこと）を採用したのです。

またこちらの作品は、八代目の弟、九代小原治五右衛門が描いたものです。九代は江戸中期から後期の人です。それまでの城端蒔絵では花鳥文様ばかり描かれていましたが、そんな時代に彼は、ナマズの真っ白なお腹を描いたのです。今見ても新しさを感じるような大胆な構図です。

◆脱皮するには、まず自我を取り除くこと

しかし「脱皮しよう、脱皮しよう」と思っていても、うまくはいきません。そうやって力めば力むほど、苦しくなってしまうでしょう。大切なのは、自分が持っている心と直感に従う勇気を持つことです。

なぜなら生きていて何をどう感じるのかに正解はないからです。十五代小原治五右衛門である父と私では趣味趣向は違いますし、当然ながら祖父と私でも、私と息子でも違います。同じ雲を見ても、それが飛行機に見える人もいれば、クジラやウサギに見える人もいるのです。

「脱皮しなければ」と思うと、こういった事実を忘れて、つい「○○さんはこれを見てどう思うだろうか」とか「これで正しいんだろうか」といったことを考え始めてしまいます。他人の基準で物事を見ている限りは、自分の脱皮にはつながりません。

私も筆を持った時に余計な思考を働かせると、たいていうまくいきません。

ひとたび筆をとったら、頭に渦巻く思考を全部排除して、何かに導かれるようにすーっと線を引く。これができると良い線が描けます。

「何かに導かれる」という感覚は、さっきお話したような「自分が漆を生かして描いているのではなく、漆によって生かされて描いている」という感覚でもありますし、ご先祖に導かれている感覚でもあります。

ともかく「自分が描くのだ」という欲が消え、見えないものに突き動かされる感覚を得た時に脱皮が起きるのです。

事実、私はPythonシリーズを描いたあと、色々な人から「花鳥文様を描く時の線が優しくなった」と言われるようになりました。

Pythonシリーズは怒りにも似た自分の感情をぶつけたものでしたが、それを一通り表現したことで自我が消え、柔らかな線が描けるようになったのだと思います。

◆小原家が大切にしている、3つの教育方針

祖父と父、そして私は自分の子どもに対して「教えない、与えない、守らない」という3つの教育方針を貫いています。

これもやはり、子どもが他人の基準ではなく、自分の基準で物事を感じ、考えられるよう育てるためです。誰かから答えを買うのではなく、自分の問いを持ち続け、知恵を

絞って考えるからこそ、内側から湧き上がってくるものを捉えることができるのです。

代々の治五右衛門も、自分の内側から湧き上がってくるものに忠実な人たちだったように思います。例えば二代治五右衛門は医師でしたし、七代、八代、九代などは彫刻、和歌、俳諧、医学、蘭学、天文学、暦象、測量と、まるでレオナルド・ダ・ヴィンチのように多才な人でした。もちろん漆はやっていましたが、興味の対象はそれだけではなかったわけです。


ただし、私の場合、色々な物事に触れる機会はたくさん与えてもらっていました。銭湯に行くと祖父は、ご先祖の話を昨日のことのように話してくれましたし、突然「人間はどうして自分たちが人間だということに気づいたかわかるか?」と哲学的な対話を始めたりもするのです。

また、我が家では、郷土史研究家の先生などが、祖父や父に会いに来ることがありました。そういう時は決まってお酒の席が設けられますが、小さな頃から横に座って話を聞かせてもらっていました。

子ども扱いをせず、分け隔てなく知識に触れさせてくれました。だから私の中には、確かな私という個と、父や祖父を含めた小原治五右衛門の歴史が同居しているのです。

私にとっての伝統工藝の継承とは、そうやって今までの人たちが油を継ぎ足しながら燃やし、次代へとつないできた灯りに、新しい油を注ぎ込み、さらに次の世代へと渡していくことです。

城端蒔絵で言えば、既にある治五右衛門の像を追いかけるのではなく、それらをもとに自分の治五右衛門像を作っていくこと。これが継承の本質なのだと思います。

◆グローバル時代にこそ求められる、ローカルの探究

今は、ＳＮＳをはじめインターネットによって世界中の人たちの姿を見たり、考えに触れたりできる時代です。これがグローバル化なのかもしれませんが、同時に自分の軸がどこにあるかわからなくなり、不安に感じている人も多いように思います。

人は不安になると得てして何かにすがろうとするものですが、グローバル時代に対応するためには、そうやって外に答えを求めるのではなく、逆にローカルを極めていくことが大切だと私は考えています。

この場合のローカルとは、自分自身を指します。

自分が何を感じ、考え、行うのか。あるいは自分はどこから来て、どこへ行くのか。私で言えば、日々自分の感性と向き合いながら作品を作るとともに、城端蒔絵や城端の町について探究する。それが自分の軸を持って生きていくことに繋がっていくと思います。個の確立をしっかりと意識できれば、個々人が幸せになるだけでなく、日本古来の技術や文化、精神性が未来に受け継がれることにもなるのではないでしょうか。

村上信夫の後説

城端蒔絵の十六代小原治五右衛門襲名記念展に行ってきた。伝統からの「脱皮」を図り、自らの「深化」を感じさせる作品が並んでいた。

歴代の治五右衛門たちには、それぞれの美意識、思想、哲学があった。模倣や既存の考えに甘んじず、歴代がそれぞれの時代で自らに「問い」を課し、知恵を絞ってきた。蒔絵技法の果てなき道を、変容を遂げながら歩んできた。常に新しいものに取り組んできた。

一子相伝の家系ではあるが、先祖たちは実に多彩だ。

当代の言葉を借りれば、16人のレオナルドダヴィンチがいるみたい。

日本画、彫刻、和歌、俳諧、郷土芸能、医学、蘭学、天文学、暦、測量…二芸にも三芸にも秀でていた。

城端の曳山祭りの屋台の修復にも熱心に取り組んできた。

小原家には、制約も型もない。それぞれが得意なことをしてきた。

ただし、「自分の治五右衛門を見つけなければならない。どんな治五右衛門であればいいのか治五右衛門に教えられる」と、当代はこともなげに言う。


十六代小原治五右衛門が、蛇腹の蒔絵を発表した時、酷評した人がいた。その人は、蛇腹しか目に入らず、「脱皮しない蛇は滅びる」という彼の覚悟が見えなかった。

その作品は、ニューヨークで高い評価を受け、日本に凱旋するや、酷評した人も前言を翻す。

十六代は、個性的な先祖たちから、大いに影響を受け、変化変容を恐れずに生きてきた。それが「深化」に繋がっている。

大人の寺子屋の会場の人たちにも、「脱皮」出来たと思った時を聞いてみた。

●自分の名前に責任を持てた時
●節目節目に出逢えた人が自分の世界を広げてくれた
●人の目が気にならなくなった時
●誰も知り合いのいない東京に来た時
●執着していたものを手放し戦う土俵から降りた時
●すべてに感謝出来るようになった時

伝統の継承に必要なことも聞いてみた。

●尊敬の心と子孫の幸せ
●覚悟と器の大きさ
●修業に耐える忍耐力と気概
●初代の想いを末裔が知っていること

●初心を忘れないこと　新しい視点からの変革を取り入れること
●古いことを残しつつ、新たな感性に合うよう、わずかずつ変化すること

対談の感想。感銘を受けたこと。

●自信に満ちた語り口。
●伝統を引き継ぐ意義を深く感じ、それを楽しむ姿が魅力的。
●育った町のことや先祖のことを楽しそうに語る姿がステキ。
●「答えを買うな。問い続けよ」「漆に生かされている」という言葉。
●「過去も未来も今から想う。時は流れても想いは常に今」に共感。
●心の底から今を楽しむ姿勢。
●若い人に「美しい心」「愛の心」があると知り嬉しくなった。
●447年という時の流れに伝わる愛を、たくさん感じた。
●真なるものがないと真抜けになる。
●自分が消えた時、芸術になる。
●自分らしく、あるがままに。そして自分の浪漫を大切に。

この日、十六代は、家族を伴っていた。
長男の好稀（こうき）くんは、中学2年生。
父親のことをどう思っているか聞いてみた。
「父親自慢なら誰にも負けない」という答えが返ってきた。
この答えには少なからず驚いた。
十六代が、十五人の先祖を尊敬する姿勢が、
「脱皮」を繰り返し「深化」していく父の生き方が、
確実に子に継承されているようだ。
十七代を継ぐことは、「半々」らしい。
「継ぎたい気持ちと責任の重さ」が半々らしい。
「自分らしくあればいいのでは」と差し出口を挟んでしまったが、
きっと、言わなくてもわかっていることと思う。
十七代が、どんな「治五右衛門」を見つけるのか、楽しみでならない。

第十回　「品格を磨く」

〜元・リッツカールトン日本支社長　高野登

村上信夫の前説

私は2023年で古希、70歳を迎えます。今回お呼びしているゲストは、私と同級生でもあるリッツ・カールトン日本支社長も務めておられた高野登さんです。

彼と初めて出会ったのは、2016年の10月でした。大阪の隆祥館書店のレジスター前で偶然出会いました。以来、60歳を超えてから、よくやく出来た真友として親しくさせていただいています。

高野さんに本日、お話しいただくテーマは「品格を磨く」です。

品格とは何かと問われたら、みなさんはなんと答えるでしょう?

品格を磨くにはどうすればいいかと問われたら、なんと答えるでしょう?

日本人の品格は、ぜひとも次世代に継承していきたいものですが、そのためにはまずバトンを渡す私たちが品格について知り、品格を磨かねばなりません。そこで今日は、「品格が服を着て歩いている」高野さんに、お話していただきます。

高野登かく語りき

◆どんな時に「品格」を感じるか？

すっかりハードルを上げられてしまいましたが、まずは一緒に品格という言葉の意味について考えていければと思います。

『大辞泉』には「その人やその物に感じられる気高さや上品さ。品位」とあります。『類語国語辞典』は意味を「その人が身につけている品位と風格」とし、類語に「気品や気高い」「エレガント」「﨟長（ろうた）けた」などと並べています。

なんとなくわかった気にはなりますが、これではいまいち品格という言葉の像は見えてきません。

少し切り口を変えて、品格が現れる場面を考えてみましょう。

私は品格のある人は、例外なく発する言葉がきれいで、なおかつ言葉の使い方に配慮がある、と感じています。

例えばエレベーターを降りる時に、すっと「開く」ボタンを押して、「お先にどうぞ」という言葉を添えて、譲ることができる人。

あるいは誰かと会話をする時に、相手の様子を窺いながらクローズドクエスチョン（「はい・いいえ」で答えられる質問）、オープンクエスチョン（「はい・いいえ」で答えられない質問）を使い分けられる人も素敵です。こういった人は、言葉によって心の距離感を調整できているのです。

人の問題点を指摘する時に反射的に怒鳴りつけるのではなく、時と場合を考えて、いつ、どこで、どんな言葉を使って伝えればいいかを考えられる人にも品格を感じます。

話の間（ま）の使い方にも品格が現れます。

この次世代継承塾の塾長である村上さんは、「間のスペシャリスト」です。彼は当然ながらトークのスペシャリストでもありますが、会話の途中で突然言葉を忘れたように黙ってしまう時があります。すると話を聞いている人たちは、次の言葉に自然と耳を澄ませるわけです。

村上さんの最長の間は、2011年の東日本大震災に関する番組の放送中だそうです。ある方の文章を読んだ村上さんは、なんと23秒間も何も言葉を発しなかったのだそうです。しかし、その23秒間、手元の原稿をめくる音があったり、涙ぐむ様子が感じられたり、自身の心情を言葉で発するよりも雄弁だったかもしれない。その放送を聞いていた人たちも、その「沈黙」の間に、いろんな想いを巡らせたことでしょう。

品格は体にも滲み出るものです。

例えば姿勢です。日本の武道や芸道には残心、残身、残芯などと書く教えがあります。一つの動作が終わった後にも緊張を緩めず、心身の備えを怠ってはいけないという基本的な心得です。品格を感じる姿勢というのは、この残心ができている姿勢なのではないかと思います。

偉い人の前だから、厳しい人の前だから、と姿勢を正すのではなく、誰も見ていないところでも美しい姿勢で振る舞っている人には、自然と品格が漂うものです。

これらに共通して見て取れるのは、品格のある言動や振る舞いが、周囲からの敬愛や尊敬を集める力を持っているということです。

「品格のあるリーダー」「指導者の品格」といった言い方がありますがそれももっともな話で、敬愛や尊敬を集める力がなければリーダーや指導者は務まらないのですから、そうした立場にある人には品格が求められるのです。

◆品格とは「一体感を作る感性」

私は品格を「一体感を作る感性」と定義しています。

このように書くと、自分の意見をはっきりと主張し、周囲を取りまとめていく人をイメージするかもしれません。しかし一体感を作る感性は、一体感を作る力とは別のものです。

一体感を作る力はまさに人を巻き込み、目標に向かって突き進んでいく能力です。一方で一体感を作る感性とは、なにげないところにも気配り、目配り、心配りができ、どうすれば周囲が心地よくなるかに気づくことができる能力です。

この能力を備えている人というと、真っ先に思い出す方がいます。当時トヨタ自動車の会長を務めておられた豊田章一郎さんです。

私が直接お会いしたわけではないのですが、ザ・リッツ・カールトン・サンフランシスコのスタッフたちの話によれば、豊田氏がチェックアウトされた部屋には自分たちの仕事がほとんどなかったというのです。

というのも、タオルやルームウェアなど、使ったものはすべてきれいに畳まれて一ヶ所に置かれてあり、ベッドもまるで使っていないかのように整えられ、部屋履き用のスリッパも元あった場所にきちんと揃えられていたんだそうです。

このような振る舞いを当たり前にできる人に出会うと、周囲は「自分たちのことを見てくれていて、そのうえで気づかい、心遣いをしてくれているのだ」と感じます。

人はそうした思いやりを受け取ると、自分も相手にお返しをしたくなるものです。すると人と人の間に心のやり取りが自然に生まれます。これが一体感を作る、ということなのです。

飛行機や新幹線を降りる時は、シートベルトやリクライニングシートを元通りにしておく。トイレットペーパーを使ったら、次の人のために先の部分を三角に折っておく。お店で食事をしたら、食器を下げやすいようにまとめておく。

どれもとてもなにげないことです。しかしそうしたことに気づける能力こそが、一体感を作る感性であり、品格の大切な要素なのです。

◆品格は「気づかいの積み重ね」で磨く

ではこの一体感を作る感性、すなわち品格を磨くにはどうすればいいのでしょうか。それは「気づかいの実践を積み重ねること」です。つまり品格がある人の言動や振る舞いを真似ることで、その感性を身につけていくのです。

そんなことで本当に品格が磨けるのか、と思うかもしれません。しかし、人間の脳は単純で騙されやすい性質を持っています。

心理学では「プライミング効果」と言って、人が事前に見聞きしたことによって、その後の判断や行動に影響を受けることがわかっています。前向きな言葉ばかりを口にしたり、考えたりしていると、無意識のうちに前向きな判断や行動をするようになるのです。

また「作業興奮」という言葉もあります。これは人が当初やる気のなかった作業でも、実際にやり始めることで神経伝達物質が分泌され、やる気が湧いてくる性質を持っているという説です。

こうした脳の性質を考えれば、まずは品格がある人の真似から始めるだけでも十分効果は期待できるはずです。

例えば声の聞き方、使い方には気づかいの有無が色濃く表れます。

新型コロナウイルス感染症の影響もあり、テキストによるコミュニケーションをとることが増えました。そのせいか、今までにもまして言外の意味を汲み取ろうとする心遣いが忘れられがちになっています。

しかし、コミュニケーションにおいて、声のトーンや話すスピードなどは非常に重要な情報です。気づかいができる人は、相手がどんなふうに声を使っているのかにアンテナを張るのと同時に、自分がどんなふうに声を使うのかについても細やかな配慮をしているのです。

事実、お客様の本音を巧みに聞き出し、質の高いサービスにつなげられるホテルマンは、たいてい声色のエキスパートです。

「なんだかこの人といると自分らしくいられるな」「この人はずっと話していても心地がいいな」と思った時は、その人の声に耳を澄ませてみてください。きっと真似できるところが見つかるはずです。

気づかい上手な人がやっている、ちょっとした声掛けにも気づくことができるといいかもしれません。

大人数で話していると、ふとした拍子に話の輪に入れなくなってしまう人がいるものです。気づかいができる人は、その人に疎外感を抱かせないよう絶妙なタイミングで声をかけてあげることができるのです。

一見すると、声をかけることなど簡単に思えるかもしれませんが、そんなことはありません。なぜならその人は話の輪に入れなくなったのではなく、自分から進んで輪から外れただけかもしれないからです。

もしくは、確かに話の輪には入りたいのだけれども、他の人たちに気を遣われると恐縮するから声をかけられると困る、という人もいます。こうした相手の感情の機微を察知するには、慎重な観察が不可欠です。

ホテルではお客様が宴会を開かれることもありますが、そのような席ではどうしてもうまく輪に入れず、壁際のテーブルで一人になってしまう方がいらっしゃいます。

上手に気づかいができる主催者は、そんな時でもちょうど良いタイミングと距離感で声をかけるものです。宴会に参加される際は、ぜひそういった主催者の振る舞いにも目を向けてみてください。

気づかいを感じる話し方の例として、私がお世話になっている歯科衛生士の工夫を紹介しておきましょう。

彼女は歯科衛生士としての技術や、ここまでに紹介したような気配り、目配り、心配りも素晴らしいのですが、私が感服しているのは会話の中で相手の名前を呼ぶのが本当に上手なことです。

何かにつけて「登さん、どう思いますか？」「登さんはこういうお悩みはありませんか？」といった具合に、ファーストネームを呼んでくれるのです。私だけでなく、他の患者様に対しても同じように話していて、1回の会話の中でいったい何回呼んでいるのか、と思うほどに名前を呼びます。

これも簡単なように思えますが、実際にやろうとしてみるとうまく呼べないもの。私も意識をして相手のお名前を呼ぶようにしていますが、彼女ほどの名人にはなかなかお目にかかれません。

名前を呼ぶという行為は、「あなたのことを見ていますよ、気にかけていますよ」というメッセージです。普段あまりやらないという人は、一度チャレンジしてみてください。

◆品格の本質は「愛情」

こうして気づかいの実践を積み重ねるだけでも一体感を作る感性は磨かれますが、やはり気づかいの本質を理解したうえで実践する方が、より品格を高めることができます。その本質とは、愛情です。愛情こそが気づかいの素であり、同時に品格の源でもあるのです。

私は2009年にリッツ・カールトンを退社してから、全国各地でホスピタリティについてセミナー、講演、研修を行ってきました。長野、東京、北九州、鎌倉などで「寺子屋百年塾」を立ち上げ、各地の塾頭さんと一緒に勉強会を開いていました。

寺子屋百年塾は「100年先を見据えて今を生きる人財を育成する」がコンセプトですから、勉強会をしていく中でどうしても塾生さんに変化を求める場面も出てきます。変化には大なり小なり痛みが伴いますから、なかなか変わることができないという人もいます。

私や塾頭さん、他の塾生さんからすれば、その人のために変わって欲しいと思っているわけですが、あることを忘れるとその思いは伝わらず、聞く耳を持ってもらえなくなってしまいます。

このあることというのが愛情です。

相手に対して何かを伝え方法はいくつもありますが、大きく2種類に分けられます。強い言葉と声のトーンで、パッションを込めて伝える方法と、丁寧に言葉を選びながら、相手の心に寄り添って伝える方法です。リーダーシップ型とフォロワーシップ型と言い換えてもいいかもしれません。

この2つの伝え方にはそれぞれ長所と短所があり、一概にどちらの方が伝わりやすいということはありません。

しかしどちらの伝え方をするにしても、自分への愛情が抜け落ちていることに相手が気づいた途端、その耳はぴたりと塞がれてしまいます。逆に言えば、相手に対する愛情がしっかりと伝われば、こちらが伝えたいこともきちんと受け入れてくれるのです。

以前、湯布院で玉の湯という温泉旅館を経営する桑野和泉社長とお話をする機会がありました。2人で向き合ってコーヒーを飲んでいると、彼女がこんな話をしてくれました。

ある時、仲居さんの採用面接をしたところ、応募者の中に若くて派手な身なりの女性が来たそうです。1対1の面接中に桑野社長が「ちょっとお茶を入れてみてください」と言うと、目の前に道具が揃っているにもかかわらず、その女性は「ちょっと失礼します」と言って面接室を出て行ってしまった。桑野社長が待っていると、なんと彼女はロビーの自動販売機でお茶を買ってきて、湯呑みに注ぎ、「はい、どうぞ」と差し出したのだそうです。

「こんな人を世の中に野放しにしたら大変なことになる。私が責任持って育てなきゃ」と思った桑野社長は、彼女を採用します。

それから何度か玉の湯にお邪魔する機会があったのですが、ある時、仲居頭の女性に「こんなことがあったんだってね」と話したところ、彼女が「高野さん、それ実は私なんです」と言い出したのです。

この女性が仲居頭になるまでは、桑野社長にもご本人にも相当な紆余曲折があったのだと思います。桑野社長が愛情を持って接したからこそ、その気持ちが伝わり、彼女は変われたのでしょう。

しかし誰もが出会う人すべてに愛情を持って接することができるわけではありません。愛情がないのに気づかいを続けていると、見返りを求めるようになってしまう可能性もあります。

そうなれば気づかいをする方も、気づかいをされる方も疲れ果ててしまいます。これでは何のための気づかいなのかわかりません。

ですから気づかいをする時は、まず自分が愛情を持って接することができているか、次に愛情を持てていないのなら、自分や相手が辛くなるようなことをしていないかを、よく考えてから行動するようにしたいものです。

◆次世代継承の第一歩は「愛情を持って接すること」

私も次の世代に自分が培ってきた経験や知識を継承し、恩送りをしたいと考えている人間の一人です。先ほどお話しした寺子屋百年塾もその一心で主宰してきました。

だからこそ、何よりもまず、私たちの世代が自身の品格を磨くことが重要だと思うのです。先ほど申し上げたように、品格とは一体感を作る感性であり、気づかいの実践によって磨くことができますが、本質は愛情です。

これがなければ、次の世代に思いが伝わらないことにヤキモキしてしまい、疲れてしまうだけです。

ですから、まずは愛情を持って他者と接するところから始めましょう。そうすればきっと想いは伝わっていくはずです。

村上信夫の後説

高野さんは、口を開けば、「愚兄賢弟」と言うが、絶対違う。「賢兄愚弟」なのだ。

品格、気づかい、ニュートラル…。何一つ、兄の足元にも及ばない。

「気づかい」の第一歩は「気づくこと」から始まるという。

気づかいやマナーは、時と場合と相手によって大きく「正解」が変わるため、なかなか難しい。

本来、気づかいは気づかれないようにするものだろうから、見過ごしてしまうことも多々ある。

気づかいが出来る人は、気づかいに気がつく。

しかし、気づかいの効力はとても大きく、真の気づかいを習得できれば、人間関係を円滑にしたり、まわりから応援される人になれる。

高野さんは、元リッツカールトン日本支社長。

長年、ホテルの現場で、ホスピタリティを実践してきた人だ。

まさに「気づかいのプロ中のプロ」。

かつて、高野さんに「ホスピタリティってなんですか?」と聞いたことがある。微笑みをたたえながら、穏やかな口調で「本気のお節介かな」と答えてくれた。


いま、目の前にいる人の立ち場で、その人を思いやる。

自分の心を相手に寄り添わせて察する。

常に自分ファーストでなく、相手ファーストで考える。

この日も会場につくやいなや、椅子の並べ替えを自ら率先して行った。

ご住職たちが、これまでいちばん多い80席あまりの椅子を、誰もが見やすいよう工夫して並べてくれていたが、どうしても柱による死角が出てしまう。高野さんは、それを何とか改善しようと、自分で椅子に座りながら、並べ替えをして、最終的には死角をなくした。これぞ「気づかい」の人そのものだ。

高野さんは、「おもてなしの達人」たろうとしていない。自分が疲れてしまうような「おもてなし」はしない。「場作りが好きな企画マン」に近い感覚で働いてきた。高野さんは、人を喜ばせる「企て」が大好きだ。

リッツカールトンホテルの2代目社長クーパーさんは、「リーダーの力量は、自分が引き継いだ時より、さらに競争力のある組織にして次世代に引き渡せるかで決まる」と言っている。だからと言って、生き馬の目を抜くようなことをして競争力を高めよということではない。「思いやり」と「気づかい」。『感謝経営』が、ひいては競争力を高めるのだ。

品格は、言葉の美しさに表れる。品格ある言葉は粒子が細かい。

品格は、一朝一夕に身につくものではない。

高野さんは、帰宅したら靴の埃をとり、木型を入れて、靴に「ご苦労様」と声をかける。朝目が覚めたら、窓を開けて太陽の光を浴びて「今日も最高の1日にしよう！」と言葉にする。

誰かが見ているからではなく、その人がどう生きるかを自身で覚悟し生きる在り方に、品格は自然体で醸し出される。

第十一回

「守破離の笛」

〜篠笛神楽笛奏者　秋吉沙羅

村上信夫の前説

神楽は、神の宿るところ、招魂・鎮魂を行う場所という意味を持つ「神座」に神々をお招きし、巫女が神懸り（かみがかり）して音曲を奏で、舞ったことから始まったと言われます。神話の時代から日本に受け継がれてきた伝統芸能ですから、当然ながらそこには日本人の精神性が満ち満ちています。

日本の芸事と聞くと、守破離——型を守り、型を破って、型を離れる——を思い出す方も多いかもしれません。実際、武道や芸道においては、継承や修業の過程をしばしばこの守破離で言い表します。

しかし、本日のゲスト、苅屋形（かりやかた）神楽団に所属する篠笛・神楽笛奏者、秋吉沙羅さんは「自分にとっての守破離は、よく言われるように段階がはっきりと分かれているようなものではなく、渾然一体となっているものなんです」といいます。

彼女は広島に生まれ、苅屋形神楽団員であるお父さんの影響で5歳から神楽笛を、19

歳から篠笛を独学で始めました。15歳で入団して以来、神楽の様々な大会で受賞しているほか、ジャズやJ－POPなど他ジャンルとの共演や、ヨーロッパ、中東、アフリカ、アメリカなど海外でも精力的に演奏しています。

渾然一体の守破離とはいったいどういうものなのか。沙羅さんが考える継承について、お話を伺っていきましょう。

秋吉沙羅かく語りき

◆渾然一体の守破離

篠笛・神楽笛奏者の秋吉沙羅です。

篠笛とは篠竹に穴を開けただけの日本の伝統的な横笛です。

神楽笛も伝統的な横笛の一つで、主に神楽において使われる楽器です。

私は5歳から神楽笛を、19歳から篠笛を始めました。古来日本で伝えられてきた茶道や華道といった芸道、武道では、師匠と弟子のあり方だったり、継承や修業をしていく過程に守破離という考え方を当てはめる場合があります。

守破離は守と破と離の3つの段階に分けられます。「守」は師匠から教えてもらった型を徹底的に守ることで、まず基本を身に付ける段階。

型がしっかりと身に付いたら、その次の段階が「破」です。師匠の型だけではなく、他流の型などを研究しながら型を破り、自分なりの型を見つけていきます。

さらに修業を積んでいくと、だんだんと既存の型から離れて自分のオリジナルの型を作れるようになっていきます。これが「離」の段階です。

しかし村上さんがおっしゃったように、私にとっての守破離はこのようにはっきりと区別できるようなものではありません。

様々な賞を受賞させていただいたり、ジャズピアニストの佐山雅弘さん、アイドルグループのももいろクローバーZさんなど、色々なジャンルの方々とも共演させていただけるようになった今も、型を守ったり、破ったり、離れたり、その都度変化しています。

でも、このところ、脈々と受け継がれてきた素晴らしい気質の価値を感じ取れない人が増えているような気がします。特に戦後の教育により、このような感覚の人が増えた今、もっぱら「破」や「離」ばかりを意識する人が少なくないようです。

そんな人たちにもう一度、日本古来の文化や精神性に目覚めてもらうためには、「守破離は渾然一体」という感覚がとても大切だ、と私は考えています。

◆守破離と神楽の歴史

守破離はもともと、茶の湯の創始者とされている千利休が遺した「利休道歌」の一首「規矩作法　守り尽くして破るとも　離るるとても本を忘るな」から3つの漢字を抜き出して作られた言葉だとされています。

歌の意味は、「基本の作法を忠実に守り続けるうちに、いつしかそれを破ったり、そこから離れたりすることも大切だ。しかしそのような段階になっても、基本を忘れてはならない」といったところでしょうか。

利休道歌は全部で百首あり、中には非常に細かい作法を指示したものがたくさんあります。「冬の釜　囲炉裡縁より六七分　高くすへるぞ習ひなりける」では、釜の置き方をセンチメートル単位で指定していますし、「肩衝は中次とまた同じこと　底に指をばかけぬとぞ知れ」では茶器の種類によって持ち方を変えるよう指示しています。

もちろん心得について書いている歌もたくさんありますが、いずれにしても利休道歌は、茶の湯を習う人たちに向けてかくあるべしという型を教えてくれるマニュアルのようなものです。

千利休は16世紀、戦国から安土桃山の時代を生きた人ですが、あの動乱の時代にその後400年以上受け継がれるマニュアルを作ったというのは、本当にすごいことだと思います。

神楽の起源は、茶の湯よりはるか昔、記紀神話の時代にまでさかのぼります。天照大神（あまてらすおおみかみ）が天岩戸（あまのいわと）に隠れた時、彼女を誘い出そうと天岩戸の前で天鈿女命（あめのうずめのみこと）が神懸りをして舞を踊ったのが神楽の始まりとされています。

以来、神楽は神様をお招きして楽しんでいただき、五穀豊穣をお願いしたり、感謝したりする儀式として、脈々と受け継がれてきました。私はご縁があり、岡山の備中神楽の笛を吹かせていただくことがあります。この備中神楽を古くから取り仕切っていた方の話によれば、笛の音は「神様の声」と考えられていたそうです。

『源氏物語』にも登場しますし、江戸時代には「里神楽」として庶民に親しまれましたが、いずれも神様に捧げるものとして演じられています。

このように神楽の主役はあくまで神様です。人がその道を極めるために修める芸道や武道とは根本的な役割が違うため、継承や習得をする際の考え方も、いわゆる守破離とは異なってくるのかも知れません。

◆神楽の中の守破離

先ほど利休道歌のところで紹介したように、守破離の前提には型があります。継承されてきた型を基本としながら守り、破り、離れるという考え方は、例えば職人さんの世界でも当てはまります。

神楽や雅楽に使うような和楽器の職人さんは、一人前と認められるまでに最低で5年以上、場合によっては10年以上の修業が必要だと聞いたことがあります。守破離で言えば、守だけでそれだけの期間が必要であり、5年～10年経ってようやく破の段階に入るということです。

私は去年2人目の子を出産し、現在は日々その子と向き合っていますが、親子関係にも守破離があるように感じています。

このところ、生まれてくる子どもたちの多くは、生まれてきた目的をはっきりと自覚しているように感じます。私たち大人はそれを汲み取り、彼らの未来に蓋をしないように子育てをすることが大事だと思います。あれをしなさい、これをしなさいと、やるべきことを決めつけるのではなく、その子を丸ごと受け入れて、成長に寄り添うが親の役割だと思うのです。

しかしだからと言って、人としての型を教えなくてもよい、知らなくてもよいという話にはなりません。歌舞伎役者の十八代目中村勘三郎さんは「型があるから型破り、型が無ければ形無し」を座右の銘にされていたそうですが、子どもたちを「形無し人間」にしてしまわないよう、人として、あるいは日本人としての基本を教えるのは、私たちの責任です。

そこから親という型を破り、離れて、自分の人生を切り拓いていくのだと考えれば、子育てにも守破離はあるのではないかと思います。

先ほど神楽の守破離は渾然一体としていると話しましたが、とはいえ神楽にも型と呼べるものは存在します。

演目は一つの型です。神楽の種類は全国各地に数えきれないほどありますが、いずれも神様をお招きし、喜んでいただくという共通の目的のために、神話をもとにした演目を演じます。ですから、むやみにアレンジを加えて本来の目的を忘れると、それはもう神楽ではなくなってしまいます。

私が所属している北広島町苅屋形神楽団が保持している演目は30近くあります。例えば次のようなものです。

・儀式舞（ぎしきまい）

「神迎え（かみむかえ）」「神降ろし（かみおろし）」「塩祓（しおはらい）」とも呼ばれる、神様をお迎えし、その場を清める演目です。そのため苅屋形神楽団でも必ず最初にこの演目を行います。

・八幡（やはた・はちまん）

異国からやってくる第六天魔王と、九州豊前国の宇佐八幡宮に祀られている八幡の神・誉田別命（ほんだわけのみこと＝応神天皇）の戦いを描いた演目です。

・恵比寿（えびす）
七福神としても知られる恵比須様を題材とした演目です。旅人が恵比須様のいる美保神社に参詣した際に、恵比須が現れ、鯛を釣り上げてプレゼントしてくれるという、とてもおめでたい神楽です。
・天岩戸（あまのいわと）
神楽の起源にもなった天岩戸物語をもとにしたもので、天照大神を誘い出す4人の神様が登場するので、見ていて楽しいハッピーエンドの演目です。数ある演目の中で最も神聖とされる神楽でもあります。
・鐘馗（しょうき）
鐘馗が疫神に悩む唐の玄宗皇帝を助けるために、疫神を退治する物語を描いたもので、舞を踊るのは2人と少ないのですが、茅の輪などが登場する、見ていて楽しい演目です。
・八岐大蛇（やまたのおろち）
天岩戸の話の続きで、素戔嗚尊が八岐大蛇と合戦をする、大変見応えのある演目です。どこの神楽団もこの演目を祭りの最後に奉納することが多いです。

◆神楽は口伝によって継承されてきた

これらの演目には基本となる舞い方や奏楽があります。しかし実際に奉納する際には、この基本をもとに、その場の雰囲気や演じ手により、変化が加わることもしばしばあります。例えば、鬼が舞っていて、盛り上がって、つい観客のところまで入っていき、いつもとは違う所作が入るなど、祭りなどでよく見かける姿です。

神楽の奏楽は大太鼓、小太鼓、手打鉦（てうちがね）に神楽笛を加えた4種類の楽器と舞で構成されています。太鼓や手打鉦は決まったリズムの中で演奏するのに対し、笛は基本を崩しながら（特に鬼囃子など）流動的にその場の情景を表現します。

私は笛は神楽の中で一番自由度が高く、情景を表現しやすいものだと思っていて、そこに面白味を感じています。

守破離が明確に分かれていれば、教える側も教わる側も、それに沿って伝承・習得ができます。しかし神楽のように、早い段階で守破離が混じり合い、型を守ったかと思ったら、急に離れて、あるいは破り、そうかと思えばまた守っている、というような有様になると、どのように教えるべきか、どのように習うべきか、考えを共有するのは大変です。

では神楽はどのように受け継がれてきたのかと言うと、基本は口伝です。

年配者が入団者に基本の型を教えていき、それに加え細かい所作も教えていきます。ある程度、舞えるようになったとしても、ちょっとした所作を年配者が直すことはしばしばあります。2年前と同じことを言われたとしても、当時とは違う視点でその所作を捉えることができるのは、成長すればこその視点。そこに面白さを感じます。

時代が進んだ今、ビデオなどでも見て学ぶことはできますが、人と人との関わり合いにより、学びが深まることはこれからの時代も変わらず存在し続けるのではないかと思います。

思えば私自身、神楽笛を始めた時は見よう見まねでした。私の父が苅屋形神楽団の熱心な団員だったので、小さい頃から稽古についていって他の団員の子どもたちと一緒に遊んでいました。

その時、団員たちが笛を吹いている様子を見て興味を持った私は、こっそり笛を持っていって、稽古場の端で吹いてみました。

神楽笛はリコーダーなどと構造が全く違うので、初心者では音を出すのも一苦労です。しかし私の場合、初めて吹いた時に音が出たのです。それを見た団員たちが驚いて、「こりゃ天才じゃないか」などと褒めてくれるので、嬉しくなってそのまま神楽の道に進んだのでした。

口伝や「見よう見まね」の場合、正しい演奏や舞のやり方は、教える側の頭や体の中にしかありません。時間が経てば細かい部分が変わったり、忘れられたりすることもあります。

そのため「なぜこんなことをするのか」「どうしてこんな形になっているのか」といった部分に関し、誰も知らないというケースもたくさんあります。

些細なお話ですが、笛の穴の数一つとっても、わかっていないまま吹いているというのが実情です。というのも、神楽笛には基本的に6つの穴が空いていますが、このうち下から3つ目の穴は右手の人差し指で押さえたまま、絶対に離さずに演奏します。ずっと塞いだままなのであればいっそのことなくしてしまえばいいものを、例外を除き、神楽笛の穴は6つと決まっているのです。

私は小さい頃から疑問に思っていますが、その答えを知っている人に会ったことはありません。神楽にはこうした「誰も理由がわからないけど、ずっと受け継がれてきている」ということがたくさんあります。

◆「無駄」こそが神楽の伝承を支えている

正解がわからないまま伝承するということは、間違っていたり、やる必要がなかったりすることも、そのまま伝承していくということです。きっと無駄もたくさんあることでしょう。

守・破・離をはっきりと分けて、段階ごとに伝承と習得を行う方が、効率はいいのだと思います。仮に神楽にしっかりとした教本や譜面があれば、より広く深く国内の文化に根付いていたかもしれません。

しかし私は、この無駄や非効率こそが、日本の伝統的な文化や精神性の伝承には大切だと考えています。

苅屋形神楽団の奉納祭りは古来の伝統を受け継いでいるので、夜の10時くらいから初めて、朝日が昇るまでずっと続きます。それくらい長くやろうと思えば、演目も10以上は必要です。

しかし広島市内に近づくほど、長時間の神楽を演じる神楽団は減少し、市内では3～4時間で終わる神楽がほとんどになります。そうなると演じられる演目も絞られて、いわゆる人気どころばかりで神楽が構成されるようになります。

でも神楽には地味だけれども大事な演目があります。

例えば先ほども紹介した儀式舞には色々種類がありますが、たいていとても地味です。演奏したり、舞ったりしている側はとても楽しいのですが、見ている方からすると人によっては眠くなるような演目です。

そのため3～4時間くらいで終わるような神楽では、演じられない場合も珍しくありません。確かに見た目の面白さを重視するならカットしてしまうのが正解なのかもしれません。

しかし儀式舞は神様をお迎えする演目なので、本来はなくてはならないものです。

また儀式舞の中に「天蓋」という演目があります。

2~3mくらいの天蓋（木の枠）の中に、五色の紙（儀式に使う専用の紙）を垂らし、さらに9つの小さな天蓋（約30cm）をロープで垂らして行うもので、舞人がロープを使って小さな天蓋を揺らし、舞わせるという少し変わった演目です。

ご想像いただければわかるように、この天蓋という演目は非常に準備が面倒です。大小の天蓋はもちろんのこと、切り飾りという半紙をきれいに切り抜いて作る飾りも、方角や季節に合わせて整える必要があります。天蓋の四方と中央には神様がいるので、それぞれのお名前の札も小さい天蓋に提げなければなりません。

そのため広島では、苅屋形神楽団を除くほとんどの神楽団がこの演目を演じなくなりました。しかしこの演目は陰陽五行思想の法則に基づき、宇宙の秩序を表現したり、季節が順調に推移することを祈念したり、来季の作柄を占ったり（例えば天蓋のどの位置が絡まったかによってそれを読み取る）するために行われる演目です。日本の文化を知るためにも非常に重要な演目であると考えられます。

苅屋形神楽団はこういう演目を大切にしていて、わからないことも自分なりに研究し、理解をどんどん深めている団員がいます。

私は広島市内から北広島町まで毎週、片道1時間半かけて稽古に行くのですが、その際こうした団員と一緒になると、ずっと自分の研究の成果を話してくれます。しかも10回でも20回でも、同じ話をしてくれるので、神楽の稽古に通ううちに、私もすっかり覚えてしまうのです。

往復3時間かけて北広島町まで行っても、稽古の時間はせいぜい2～3時間です。広島市内にも神楽団はありますから、神楽をやりたいだけであればそちらに通った方が効率はいいでしょう。でも人によっては無駄に思える3時間の道のりも、私からすれば大切な口伝を授かる、とても大事な時間なのです。

神楽に含まれている無駄を削っていくと、こうした大切な演目や口伝の時間まで削られてしまうような気がしてなりません。

私は神楽を後世の人に遺すために、「秋吉沙羅チャンネル」というYoutubeチャンネルを作ったり、紙に譜面を起こしたりもしています。

そういう活動にも意味があると思っていますが、ともすれば無駄だと切り捨てられてしまう部分にこそ、伝承の本質はあると考えています。

◆伝承のために「無駄」を作り出す

昨今の日本社会では、自国の文化や精神性を省みる機会が減り、本来持っている素晴らしい性質を忘れてしまった人が増えてきているように思います。

だからこそ私も、今回の次世代継承塾をはじめ、自分のYoutubeチャンネルやラジオ番組など、色々なやり方で日本の素晴らしさを伝えようとしています。その中で同じ志を持つ同世代の仲間にもたくさん出会いました。

でも時々、こんなことをしていて、本当に伝わるのかな？　遠回りだなとか、と思うことも正直あります。

そんな時は日々の時間の使い方や人生のあり方を見直し、効率重視の陰で切り捨てられていく「一見無駄に見えるもの」をも見つめ直し、再評価することには大きな価値があると私は考えます。

効率重視の社会だからこそ、皆様もぜひ一度、効率と無駄のあり方を考えてみていただければと思います。

村上信夫の後説

大人の寺子屋の会場の臨済宗妙心寺派の麟祥院は、寛永元年（1624年）、三代将軍・徳川家光の乳母で、大奥をつくった春日局の隠棲所として創建された。寛永20年9月14日（1643年10月26日）に、享年64で、局が没したあとは、菩提寺となり、墓地には春日局の墓がある。法号は麟祥院殿仁淵了義尼大姉。

寺は、創建当初は報恩山天沢寺だったが、徳川家光は、法号をもって寺号とするように命じ、春日局の法号から麟祥院に改称された。

墓地にある春日局の墓石の四方と台石に、大きな丸い穴が開いている。「死して後も天下の御政道を見守り、これを直（ただ）さんがために黄泉（よみ）から見通せる墓を」という春日局の遺言により、穴が開けられた。「願いが通る」穴ということで、江戸時代には参詣者が多かったと伝えられている。

沙羅さんが、春日局の墓前で奉納演奏したいと言ってくれた。矢野住職の計らいで、お墓の囲いの中まで入れていただいた。

去年4月以来、毎回のように参拝しているが、中まで入ったのは、初めてのこと。ご住職によれば、NHK大河ドラマで春日局を演じた大原麗子さんが入って以来とか。三十数年ぶりのこと。

大名の墓を思わせる規模の墓の下では、屈むような恰好で棺桶に入った春日局が眠っているという。

吹き終えた沙羅さんの感想。

「お墓の前で、何も考えてなく、今までにないフレーズを吹いていて、不思議だなーと思いました。春日局様に、日本をちゃんとしていきます、と誓う時間となりました!」。

沙羅さんの演奏を聴いて、泉下の春日局も380年ぶりに目を覚ましたかもしれない。

秋吉沙羅さんは、どこにも屈託が見当たらない。

常人には見えざる力を感じ取り自在に笛を吹く。まさに神を楽しませる神楽笛。

口の回転も早い。頭の回転も早い。行動も早い。

龍や風を呼ぶ神がかり的な演奏で聴衆を惹きつけ、天然の爆笑トークで、聴衆をトリコにする。


2人の子の母親でもある。

「野菜は土鍋で炊く」「おむつを洗う」となにげなく言う。

この日、5歳の長女を伴っていたが、自由にのびのび育っていることがわかる。

子育てと音楽の両立について聞かれた沙羅さんは「いつも自分でいること。ちゃんとお母さんをやろうとしないこと」と明快に答えた。


来場者のみなさんに聞いた「守破離」が素晴らしい。
●家族を守り、悪しき習慣を破り、魑魅魍魎から離れる
●守〜楽しみ　破〜縛り付け　離〜我慢
●守〜信頼　破〜思いこみ　離〜年齢
●企業経営の本質を守り、方法の常識を破り、過去の成功パターンから離れる。
●父の会社を守り、業態を破り、国内中心から離れる

●自分が楽しいと思うことを守り、古い考え方を打破し、同じことの繰り返しから離れ、自分でも考えつかないようなことにチャレンジしたい。
●心の平安を守り、怠惰を破り、呪縛から離れる
●家族と平和を守り、惰性を破り、現状維持から離れる
●真心を守り、迷う心を破り、邪気から離れる
●自分の心を守り、囚われを破り、しがらみから離れる
●自分の欲を守り、迷いを打破し、恐れから離れる
●自分を守り、自分を破り、自分から離れたい

秋吉沙羅さんはといえば、どうやら地球を守るために、どこぞの宇宙からやってきたらしい。地球人のつまらぬこだわりを打破し、悪しき因習から離れることに気づかせようと、きょうも笛を吹く。

彼女の声や音を聞けば、悪しきことが浄化されていくような気がする。

秋吉沙羅さんとの話は尽きない。構えがない。気取りがない。

自分がある。やるべきことが見えている。だから、話に筋が通っている。
たてまえで話さず、格好つけないから、話に淀みがない。
秋吉さんが19歳の頃、母親に言われたらしい。
「あんたも、このごろようやくピントが合ってきたね」と。
その話を受けて、「地球になれるのに時間がかかっていた」と、
彼女はあっさり言う。
そして、「やることがはっきりしてきた。笛を吹いて、みんなの魂を目覚めさせたい」
と言う。

第十二回　「みんないっしょ」

～言の葉語り　木村まさ子

村上信夫の前説

感性や振る舞いや言葉が揺らいでいる昨今、何とか古き良き日本の文化を次の世代にきちんと受け渡していきたい。そんな思いで始めた大人の寺子屋ですが、十二回目となる今回で第一期は締めくくりとなります。

言葉は誰でも扱えるものですが、使い方によって伝わり方はまったく違います。

発した人の想いがしっかり伝わるか、あるいはその言葉を聞いた人が優しい気持ちになれるどうかは語る人によって大きく異なります。

言葉は未来を作るものです。

今回のゲストはその声を聞いた人がみな温かい気持ちになり心が癒やされる言葉、明るい未来が待っているように思えてくる言葉を発信できる方——言の葉語りの木村まさ子さんです。

木村さんは日本中の誰もが知っているトップスターのお母様でもあります。また、イタリアンレストランを経営されていたこともあり、母親としてお客さまと向き合う経営者としての体験から気づいた言葉の大切さを伝える活動をされています。

今回はそんな木村さんに言の葉の持つ価値や力について語っていただきたいと思います。

木村まさ子かく語りき

◆「私だけ」じゃない　みんないっしょ

本日はお忙しい中、たくさんの方に来ていただき、本当に嬉しく思います。

私は今、みなさまに言の葉――言葉の大切さをお伝えしていますが、もともとは自身が普段使う言葉を意識することからこの活動は始まりました。

村上さんにもご紹介いただいた通り、私は以前、イタリアンレストランを経営していました。たくさんのお客さまが起こしになる中、若い方と接すると、なにをおっしゃっているのかわからない、聞き取れないことがときどきあり、言葉について考えさせられました。

人の振り見て我がふり直せではありませんが、そういう体験から「それでいいのか」と思うようになり、日本語というものを強く意識し始めたんです。

私は日本に生まれ、日本語という素晴らしい言葉を使っています。

それをもっと大切にすることの意味を若い方に気づいていただきたい、というのが言の葉語りをしている動機です。


この「言の葉」という単語はみなさまあまり馴染みのないものかもしれません。どういう意図で使っているのか、ときどき尋ねられますので、少しご説明しておきます。

奈良時代や平安時代には言葉と同じ意味で「言羽」「辞」「詞」などの漢字も使われていたそうです。その中で「言葉」という表記が残ったのは「たくさんある豊かなもの」を表す「葉」がもっとも適している、と考えられたからだとされています。

葉っぱがたくさん繁れば大木になります。素晴らしい言葉をたくさん使えば、素晴らしい木――お人柄を育むことができるのではないか、と私は思っています。

そんな「言葉」の真ん中に「の」という平仮名を一文字入れたのは優しい響きを伝えたかったからです。

今回は「継承」を目的とする『大人の寺子屋』に呼んでいただきましたので、やはり日本人が営々と受け継いできた言の葉についていろいろとお話しするつもりです。お誘いを受ける際、村上さんからはテーマ出しを求められました。いくつかの案が浮かびましたが、最終的に私が選んだのは「みんないっしょ」というものです。

コロナ禍で人に求められる振る舞いは大きく変わりました。中でも人の心や身体に大きく影響したのはマスクの着用でしょう。

マスクをするということは「話をするな」と制限されることと同じです。会話を抑えると、唾液が少なくなるので、健康面にも悪い影響が出てきます。自分を抑えることで心の状態や身体の状態が悪い方へと変化してしまう方をあちこちで見かけました。

その中で「私だけが……」という言葉をよく耳にしたのです。

仕事や家庭の状況が変わってしまった影響により、悩みを抱える人が増えていますが、人と接する機会が減ったため、「自分だけ不幸に襲われている」と思いがちなのかもしれません。

実は最近、そんな考えとは真逆に感じる出来事がありました。

私が詩の朗読をしていると知ったあるミュージシャンから「ぼくが作った『みんな』というのを歌ってほしい」とリクエストされたのです。

それまで、私は人前で歌ったことなどほとんどありませんでした。カラオケにも行ったことがないし、歌うことからは縁遠い人間だったのです。

そもそも楽譜も読めないので、とお断りすると「ぼくが歌う後について覚えればいい」と言います。

さすがに断る理由がなくなってしまったのでお受けしたんですが、収録が終わると今度は「せっかくなのでYouTubeで流したい」というリクエストがありました。

どうしようか、少し考えましたが、彼の要望に合わせて配信してもらうことにしました。歌うという新しい体験を通じて、私の中にある「自分では開けられない扉」を人に外から開けてもらえた、と感じたためです。

扉を開けてくれたのはつながりのある他者です。彼がいなければ、私は歌をうたって配信することなど金輪際なかったでしょう。

そんな風に人は思わぬところでいろいろな人とつながっています。

辛いことが起きるとつい、「私だけが」と思いがちですが、本当はみんな小さな接点でつながっているのだ、と気づけたらホッと一息つけるはず。

そういう安心感につながるお話をしたい、と思って今回のテーマに決めました。

◆100歳まで愛の言葉を伝え続けた鮫島純子さん

言葉について取り上げる中で、ぜひとも触れたい方がいます。

村上さんと共通の知人でもある鮫島純子さん——新しい1万円札の肖像画として選ばれた実業家、渋沢栄一さんのお孫さんです。

2023年の1月に100歳で亡くなるまで、さまざまな活動を続けられた方ですが、一言で語るなら「愛と感謝で生きた人」みんないっしょというお考えを貫かれた方だと思っています。

最初にご挨拶をしたのは私が経営していたイタリアンレストランに来られた際でした。お食事をされる様子がとても素適だったので、思わずお話をさせていただいたんです。

所作はもちろん、お話ぶりの和やかさ、笑顔といったたたずまいが、見ていてうっとりするほどおきれいでした。

そのことをお伝えしたら「日本にはとても素晴らしいお手本になってくださる方がいらっしゃいます。その方をしっかりご覧になると、いろいろなことを身につけられますよ」とおっしゃって、美智子妃殿下（当時）のお名前を教えてくださいました。

いつも本当にお元気で、背筋がシュッと伸びたお姿は90歳を過ぎても70代にしか見えませんでした。

100歳の誕生日を過ぎてからも、講演会で、1時間すっと立ったままお話をされていました。いつも、とても可愛らしいワンピース姿で、お足元は3センチのヒールでした。私が思わず「ヒールなんですね」とお声をかけたら、「ワンピースにはヒールでしょう」とサラッと返されました。

車のハンドルも95歳まで握られていて、運転をやめた後はヨガを始められたと聞きました。社交ダンスもずっと続けておられましたし、「思った時が始める時」といつもおっしゃっていたのを思い出します。

最期のあり方も、こうありたい、と思える素晴らしいものでした。「鮫島純子他界のお知らせ」というのをご自身でしたためて、その時の準備を粛々と進められたそうです。お知らせには世界平和のためにいかに生きてきたか、といった振り返りに加え、明るく生涯をまっとうできたことについて家族ともども御礼申し上げます、とご家族の思いも書かれていました。

鮫島さんはご著書もたくさん書かれていて、その中には心を打つ言の葉がたくさん載っています。たとえば『なにがあっても、ありがとう』というご著書の中には「自分への感謝」という言葉が書かれています。

私が今、大切にしていることとも響き合うので、少しご紹介してみます。

「人は生きる中でさまざまな人と出会い、いろいろな出来事に遭遇します。それらのすべてがその人を育て導くものであり、自身を育成するために自分で選んだことだ」とご著書では書かれています。

それらはすべて、誰もが抱える「内なる神様」のご配慮なので、家族や地域、社会、世界全体に感謝するとともに、自分自身にも感謝しましょう、というのが鮫島さんのお考えです。

ご著書では「60兆個ある細胞の中心核には神様の光が絶えず供給されている」という素適な言葉も記されています。

ありがとうという言葉は「有り難し」――めったにないこと、まれなことという言葉に由来します。ですから、対義語は「あたりまえ」です。一瞬一瞬に起きることや出会いをありふれたあたりまえのものと思わず、すべて稀少なものと考えて心から感謝する時、自然にこぼれ出るのがありがとうなのです。

みなさまもぜひ、いろいろな場面でご自身にありがとうと言ってみてください。

◆幸せとはゆだねること　この世は愛の練習所

鮫島さんのご著書をもう一冊ご紹介します。『100歳の幸せな一人暮らし』というこのご本は鮫島さんが最後に書かれたものです。

生き方のヒントが100項目あげられていますが、中でも私が大好きなのは子育てに関する教えです。

時代がどんなに変わっても、「子育ての基本は愛だ」と鮫島さんは語られています。子どもが成長する過程では、親に愛されている安心感がなにより大切です。

子どもは親の背中を見て育ちます。特別なしつけを考えるより、親がどのように振舞うのかを子どもに見せることが教育の基本です。

その中で女性の役割は優しさを発揮することだ、と鮫島さんはおっしゃいます。力で人を抑え込もうとする傾向が強い男性にブレーキをかけるのは女性の優しさです。子どもたちを褒めて、家族に愛されているという自信を持たせることで、いじめや自殺は減らせます。

「次の世代を担う人たちには、戦争が決して幸せをもたらさないことを肝に銘じて、穏やかで思いやりに満ちた世界を作ってほしい」とおっしゃっています。


この幸せという言葉ですが、奈良時代には「為合」という字をあてたそうです。「為」には〇〇のため、「合」には合わせるという意味があります。それらを並べることで、運命や巡り合わせ、成り行きといった意味が生まれ、転じて「天がなすことに合わせて生きることがすなわち幸せな人生」とする考えを表す言葉になったようです。

私も幸福については同じように考えています。努力は必要ですが、天の理に従って生きた結果は神様にゆだね、自身に起こることのすべてを肯定して生きることが幸せなのです。
そう思うと、すべては神様の思し召しなので、起きたことは自分に必要なことであり、ありがたく受け止めようと思えます。

鮫島さんからいただくお手紙にはよく、「この世は愛の練習所」と書かれていました。自身に起きることをすべて、内なる愛を育むありがたいものと肯定して、結果は神様にゆだねる…そんな生き方を教えてくださっていたのでしょう。

◆ガーナのゴミの山でアート　真理を歌に

人生の大先輩のお話をしましたので、今度は若い方のことも語ってみたいと思います。私よりもはるかに年若い方の中にも素晴らしい方はたくさんいます。中でも最近、お二人の方に注目しているので、ぜひ、ご紹介させてください。

お一人目はまだ30代のアート作家で、長坂真護（ながさかまご）さんです。ガーナのゴミの山に捨てられた廃棄物を使ってアート作品を制作している異色のアーティストです。

ある方のお引き合わせで個展を見に行ったのが初めての出会いでしたが、その時に感じたのはずっと昔から知っているような、親しさでした。

長坂さんは２０１７年にガーナのスラム街を訪れたことをきっかけにアートの制作を始めたそうです。

それまでの人生は波瀾万丈。歌舞伎町でナンバーワンホストになったり、事業で失敗して路上で絵を描いたりとさまざまなことを経験しています。

廃棄物を素材としてアートを作るようになったのは、ガーナのスラムを訪れたのがきっかけだそうです。

まだまだ経済的に貧しいガーナには、先進国で捨てられた電子機器などが廃棄物として大量に運び込まれています。それを燃やして、資源として再利用できるものを回収することで暮らしている人がたくさんいるのですが、ガスマスクもなしに作業をする彼らはとても短命です。

長坂さんはそんなスラムの暮らしに衝撃を受け、廃棄物で作った作品を売るようになりました。売り上げでこれまで１０００個以上のガスマスクを届け、さらにはスラム街初の私立学校まで作ってしまったそうです。

簡単にできることではありません。せっかく作った学校が壊されてしまったこともあります。それでも、また作ります。彼らの暮らしを守り、健康を守るためにはリサイクルセンターが必要なので、それも作ります。

彼の姿を目の当たりにすると、勇気が湧いてきます。人ってスゴイ。もちろん、学校が壊されてしまったように、一筋縄ではいかないかもしれませんが、何も持たずに飛び込んでいけば少しずつわかり合えるんだと思えるんです。

もう一人、私が未来を託したい、と思う若者は歌手の藤井風（ふじいかぜ）さんです。岡山出身の方で、4人兄弟の末っ子さん。3歳からピアノを習って、その3歳からジャズ、クラシック、ポップス、歌謡曲、演歌あらゆる音楽を聞いて育ったそうです。

2010年の1月1日、まだ12歳の時に実家の喫茶店で撮影したピアノ演奏をYouTubeで公開してからというもの、どんどん耳コピでいろんなアレンジして、次から次にいろんな曲を発表して、特に「千本桜」は中学生の時にピアノで弾いてみたら、すごい人気になったんです。

たまたま友人からYouTubeが送られてきて、それを聞いたら、この子！　すごい！

と思ったんです。なんか嬉しいんですよ。歌詞をじっと聞いてると、本質を言っているんです。単刀直入に、これを言ったら嫌われるかなとかそんなことじゃない。素直にそのままを、真理を言われてるって思いました。

『まつり』という歌に「あれもこれもが有難し」「苦しむことは何もない」「何の分け隔てもない」「何もかもすでに持っている」…ということばがあります。藤井さんの歌には真理があると思うんです。

最初に音楽を耳にした時に「現代のキリスト」じゃないかって思ったんですよ。説法ではないんですよね。パフォーマンスと音楽と、そこに言葉を添えて真理を話しているということは現代のキリストかなって。

◆言葉が未来を作る　波動がいちばん高い言葉とは

言の葉語りをしている私にとって大切な考えの一つに「言葉は現実化する」というのがあります。言葉は未来を作るものであり、自分がなにかを口にすれば、いずれその通りのことが起きます。

今はみなさん、数字化するとすぐに理解してくれますので、この話をわかりやすく説明するのに、私は言葉の波動数を使っています。言葉が持つ力について量子力学的に数値化することができるのです。

言葉の持つ波動は0～50の数値で表せます。このうち10以下は波動が低く悪い言葉です。人の身体は自分が発した言葉の波動数で覆われてしまいます。悪い言葉を使うと意識がそちらを向いてしまい、自分の声が細胞の核に響き、細胞は素直にその影響を受けてしまうのです。ですから、10以下の言葉は口にしないよう心がけてください。

では、波動数がいちばん高い言葉はなんだと思いますか？

こう尋ねると、多くの人が「ありがとう」と答えます。たしかに「ありがとう」の波動数は高く、33もありますが、世の中にはもっと高い言葉――波動数47の言葉が存在します。

それは「我神なり」というもの。

先ほど、鮫島さんの「自分に感謝する」という言葉を紹介しました。その際に触れた内なる神の存在を語る言葉こそ、波動数がいちばん高い言葉なのです。

私たち一人一人の中には神仏がいる、と語れば、自身の波動数を高めることができます。

こんな風にいきなり語っても、理解が難しいかもしれないので、わかりやすいよう説明してみます。

お寺に行くとさまざまな仏像がありますが、中でも多いのは大日如来様やお釈迦様の像です。それらの仏像はたいてい、質素な衣を一枚まとっただけのお姿をしています。右肩を露わにしたその衣の着方を「偏袒右肩（へんたんうけん）」と言います。

これは敬意を示して、うやうやしく目上の方に会う際の正装です。

ということはつまり、あなたが仏像の前に座って手を合わせる時、お釈迦様は「あなたこそ大切な人です」とおっしゃっていることになります。私たちは仏像に向けて手を合わせますが、お釈迦様は「命をまっとうしているあなたこそ、素晴らしい方です」と教えてくださっているのです。

さまざまな考え方がありますが、神様というのは大いなるエネルギー体だと私は思っています。その分身とも言える御霊玉が私たち一人一人の中にあるのです。そう思うと自分がいかにかけがえのない存在か、理解しやすいと思います。

それなのに、いちばん大切な存在をご自身でちゃんと認めている人はあまり多くありません。仏様の像は私たちに対して、そのことを教えてくださっているのではないでしょうか。

村上さんと私がともに尊敬している禅を長く学んでおられる方がいます。その方は「般若心経は最初の観自在菩薩5文字だけ覚えればいい」とおっしゃいます。みなさんそれぞれの中に仏様がいるという意味だそうです。「我神なり」も同じです。自分の声でその言葉を唱えると、潜在意識にどんどん入り、細胞が素直に言うことを聞いてくれます。たったそれだけで自分を大切にする土台作りができるんです。

養老孟司さんもおっしゃってますが、脳は人の身体の中で、唯一だますことができる器官です。

お腹が空いている時に「満腹だよ」と言っても、空っぽの胃袋は誤魔化せません。水中で「深呼吸したつもり」になっても、息は苦しいままです。

ほとんどの器官は人の言葉ではだませませんが、脳は違います。

感情を込めなくてもいいんです。ただ「ありがとうございます。感謝してます」と言うだけで、感謝できるようものごとを探します。ありがとうと言うことが自然と近づくようになっているんです。

言葉は現実化する、というのはそういうことです。

村上信夫の後説

対談しながら、この人は、心底可愛らしいと思った。

ボクは「かわいい」と連発したらしい。

「こんな無邪気な72歳はいませんね」と言ったのは覚えている。

そうしたら「73歳です」と切り返された。

大人の寺子屋～次世代継承塾～も去年4月から数えて12回目。第一期の締めくくりのゲストは、木村まさ子さん。美しい言葉、見とれるふるまい、素適な感性、次世代に受け継ぎたいものをすべて兼ね備えた人だ。日本人なら誰もが知っている息子を育て上げた人でもある。

対談は、鮫島純子さんの思い出話に時間を割いた。鮫島さんを、ボクに紹介してくれたのは、木村さん。これから、ボクたちの使命は、鮫島さんの想いを次世代に伝えていくことだと再認識した。

会場には、鮫島さんのご長男夫人の恭子さんにも来ていただいた。恭子さんに伴われて、鮫島さんもその慈愛に満ちた笑顔で聞いてくださったに違いない。

まさ子人気で、参加者は初の100名超え。みなさんの感想にも愛が溢れていた。
●「お二人のお話される空間は、温泉のような心地良い空間でした」
●「お二人の穏やかな表情、言葉選びが素直に心に沁みました」
●「深い話をされているのに、楽しく可愛らしい雰囲気が印象的でした」
●「まさ子さんの優しいだけでなく信念を持った語りに感動しました」
●「木村さんのことば、しぐさ、歌…とても無邪気で、子どものような心と笑顔を見ているようでした」

●「言葉の波動が人生を変えていくことを忘れずにいたいです」

●「自分に感謝し、自分を尊重することを始めたいと思いました」

●「勇気と元気と笑顔と幸せをありがとうございます」

対談のしめくくりに、木村さんに『みんな』という歌をアカペラで披露していただいた。初めての「歌い手」体験をした木村さんの吹き込んだ「みんな」は、YouTube配信されている。今回のテーマの如く「みんな一人じゃないよ。みんな繋がっているよ」というメッセージが込められている。

ひとり　ひとり　風の中
ひとり　ひとり　風の中
見果てぬ夢も　淡い恋も
ひとり　ひとり　風の中
ひとり　ひとり　風の中

（中略）
あなたの歌も　あなたの笑顔も
みんな　みんな風の中
みんな　みんな風の中

だからおいでよ　みんなのそばに
いつでもおいでよ　ひとりでいないで

いま、二極分化が進み、異なるものを排除しようという空気がある。そんな今だからこそ「みんないっしょ」。命の尊さ、過去も現在も未来も、右も左も、あなたも私も、みんないっしょ。みんなちがってみんないい。木村さんの澄んだ声で発せられる言の葉には説得力があった。

あとがき

リアル開催、アーカイブ配信、文字媒体。

寺子屋で語られたことを、少しでも多くの方に発信したいと、当初から3つのチャンネルは念頭にあった。

ただ、対談をそのまま字起こししても仕方ない。補足情報を過不足なく盛り込みながら、ゲストのモノローグ形式にした。

それを可能にした百年書籍の谷垣吉彦さんと鈴木直人さんには、心からの謝意を伝えたい。毎回原稿を読むのが楽しみだった。ほとんど「校正なし」の原稿だった。

出版に2つ返事で応じてくださったごま書房新社の池田雅行社長、毎回の会場運営に全面協力をしてくださる麟祥院の矢野宗欽住職にも感謝してもしきれない。

そして、ご登壇いただいた12人のゲストの方の書籍化のご承諾があればこそ、ここに上梓出来た。

未来を創ることばに満ち溢れた本書が、多くの人に読まれることで、次世代に明るい未来のバトンが渡せる一助となれば望外の幸せである。

村上信夫

◆編著者略歴

村上 信夫（むらかみ のぶお）

1953年、京都生まれ。元NHKエグゼクティブアナウンサー。

これまで、『おはよう日本』『ニュース7』などを担当。

2001年から11年に渡り、NHKラジオの「声」として活躍。

現在は、「嬉しいことばの種まき」をテーマにした活動を、全国各地で幅広い年齢層に向け、精力的に行っている。

東京・京都・大阪などで「ことば磨き塾」を主宰。

東京・麟祥院で、月1回「大人の寺子屋」も開催。

放送中の番組は、文化放送『日曜はがんばらない』、シャナナTV『縁たびゅう』、FM805『たんば女性STORY』。

著書に『嬉しいことばが自分を変える』（ごま書房新社）など多数。
● http://murakaminobuo.com

未来を創ることば
― 次世代へのメッセージ ―

2023年6月30日　初版第１刷発行

編著者	村上 信夫
発行者	池田 雅行
発行所	株式会社 ごま書房新社 〒167-0051 東京都杉並区荻窪4-32-3 AKオギクボビル201 TEL 03-6910-0481（代） FAX 03-6910-0482
編集協力	(株)百年書籍 谷垣 吉彦・鈴木直人
カバーデザイン	(株)オセロ 大谷 治之
DTP	海谷 千加子
印刷・製本	精文堂印刷株式会社

ISBN978-4-341-08839-2 C0095